メディアリテラシー入門

はじめに〜メディア・リテラシーとは〜

テレビへの信頼が低下したが

関西テレビによる「納豆ダイエット」の捏造事件。テレビ番組が、視聴率を獲得するためだったら、これほどまでに捏造を繰り返してしまうのだという現実に驚いた人も多かったのではないでしょうか。

しかし、私はそれ以上に、多数の視聴者が、「納豆はダイエットになるらしい」と考えてスーパーに走り、納豆が店頭から消えてしまったことに恐ろしさを感じました。

納豆にだってカロリーがあります。カロリーのある物を食べるだけでやせるなどということがあるわけはないのです。この常識に気づかず、番組を真に受けてしまった人が多数いることが情けなく、恐ろしさを感じてしまったのです。

健全な常識で物事を判断する。それができない人が増えているのでしょうか。もしそうだとしたら、それは、「健全な常識」を持っていない人が増加したのか。それとも、テレビを見るときに、「健全な常識」を働かせることができなくなっているからなのか。

見ている人が「健全な常識」を働かせることがないように、テレビ番組がさまざまな「仕掛け」をしていることもあるのでしょう。

そこに気づき、いわばテレビに「騙されない」ようにすることが大切なのです。これが「メディア・リテラシー」という考え方です。最近は日本でも、ようやく知られるようになってきました。

「メディア・リテラシー」とは

「リテラシー」とは、「読み書きの能力」という意味です。「メディア・リテラシー」とは、メディアを見たり聞いたり読んだりする能力のことです。

メディアとは、テレビやラジオ、新聞、雑誌、書籍、さらにインターネットなどです。情報（意見や感想を含む）を他人に伝える手段・媒体（道具）がメディアです。このメディアを使って、不特定多数に情報を伝えるのが「マスメディア」です。「メディア・リテラシー」というときの「メディア」は、このマスメディアを意味しています。

テレビを見たり、ラジオを聴いたり、新聞や雑誌を読んだりするときに、その内容をそのまま受け止めるのではなく、自分なりに判断する力。これがメディア・リテラシーです。もし多くの人がメディア・リテラシーの能力を持っていたら、「納豆ダイエット」に右往左往することはなかったはずです。

この本は、そのための、やさしい入門書です。読む人自らが、リテラシーの力をつけるばかりでなく、子どもたちにリテラシーを教えるときのために、大人として知っておいてほしいことを書いてみました。

学校裏サイトも問題に

メディア・リテラシーの一つとして、最近急に注目されるようになった問題が、「学校裏サイト」とのつき合い方です。

そもそも「学校裏サイト」とは、学校の正式なウェブサイト（ホームページ）に対して、生徒や卒業生たちが非公式に始めたウェブサイトのことです。学校での話題や、試験対策、「イケメンコンテスト」など、さまざまな情報交流の場としてスタートしました。

しかし、そのうちに、学校内の噂話のコーナーができ、そこである特定の個人の名前を出して悪口を言うということが起きるようになりました。

こうした悪口は、すべて匿名。誰が言ったかわからないので、気楽に悪口を言う人が出てきます。言う方は気楽でも、名指しされた側はたまりません。「学校の仲間みんなが自分の悪口を言っているんだ」という気になってしまいます。

発言者が匿名だけに、学校に行っても、「笑顔で挨拶してくれる友人が、実は裏では悪口を書いているのではないか」という疑心暗鬼に駆られてしまいます。

昔は、校庭の片隅で、友人の噂話をする光景がよく見られました。噂話がいつしか悪口に発展することもありましたが、言われている本人には届かないことが多かったので、悪口を言われていることに気づかず、卒業することもありました。

ところが、学校裏サイトに書き込みをされると、誰でも読むことができます。いわば衆目の前で人格攻撃を受けているような気になってしまいます。

現代のメディア・リテラシーは、こうした学校裏サイトとのつき合い方まで取り上げざるをえなくなったのです。

児童・生徒たちは、みんな学校裏サイトの存在を知っているのに、教師や親は気づかないという例もあります。

学校裏サイトでの特定個人へのいじめをエスカレートさせないためには、まず学校が組織的に裏サイトの存在を検索して把握することです。その上で、ネットへの気軽な書き込みが、思わぬ影響を及ぼすことがあること、プライバシーの侵害になったり、個人情報を悪用したりする人物が存在する可能性があることを、子どもたちにしっかり教えることが必要でしょう。

こうした学校裏サイトは、携帯電話でアクセスできるものですから、子どもが携帯電話を異常にチェックするようになったら要注意です。「わが子に限って」という考え方が、実はいちばん危ないのです。

もちろん危険なのは学校裏サイトばかりではありません。インターネットそのものにも、危険が潜んでいます。インターネットとのつき合い方も、メディア・リテラシーの大事な要素として考えていきましょう。

「思い込み」から自由になること

先日、ドイツの児童用の世界地図を入手しました。世界各国の特徴が、可愛いイラストで描かれています。日本はどう描かれているだろうかと思って見ると、そこには忍者、芸者、富士山、お相撲さん、広島のキノコ雲が描かれていました。

現代の日本に忍者と芸者！　思わず絶句してしまうのですが、私はここで考えました。待てよ。ドイツで日本はそう見られていると知って私たちは憤激するけれど、では、私たちは、ドイツといったら何を思い出すだろうか、ということです。

ソーセージとビールしか思い出さないのではないでしょうか。

これが、「ステレオタイプ」な見方というのです。

世界の人々は、「あそこの国は、こんなもんだよ」という思い込みを持っています。自分の国がどう見られているか知ることで、私たちは、その思い込みの滑稽さを知るのです。

私がイランやヨルダン、イスラエルなどの中東に取材に行くときには、多くの人から、「そんな危ない所に」と言われるものです。私のことを心配してそう言ってくれるのはありがたいのですが、これこそ思い込みです。中東全体で内戦やテロが起きているわけではないのですから。

ヨーロッパの人が、日本に行こうとしていたら、タイでテロが起きた。「テロが起きるような危険なアジアに行くのはやめにしたら」と言われる。こう考えたら、「中東のような危ない所に」という言い方がおかしいことに気づくのではないでしょうか。

たとえばヨルダン。イラク難民が押し寄せています。難民が押し寄せているということは、治安がよく、安全だからです。イラクの隣だというだけで、ヨルダンが危ないと思い込むのは間違いなのです。

あるいは、かつて自爆テロが相次いだイスラエル。二〇〇六年以降、自爆テロはほとんど発生していません。

自爆テロが起きるとニュースになり、私たちは記憶に留めます。しかし、「最近自爆テロは起きていません」というニュースは流れません。このため、私たちは、自爆テロのニュースの記憶だけで、「イスラエルは危ない」と思い込んでしまうのです。

こうした思い込み、「ステレオタイプ」な見方は、他にも世の中には多数あります。そうした思い込みから自由になること。それが、メディア・リテラシーの力です。ここにも、メディア・リテラシーを学ぶ意義があるのです。

この本の第一部では、メディア・リテラシーの基礎を取り上げます。第二部では、私が関わったメディアの裏話を紹介しています。こちらは、息抜きとして読んでいただければと思います。

二〇〇八年二月

池上　彰

もくじ

第一部　メディア・リテラシー入門

第一章　テレビとのつき合い方

すべては編集されている

逆に編集するの？

テレビを見る上で、まずは自覚していただきたいこと。それは、「すべては編集されている」ということです。

バラエティ番組を見ていると、タレントの発言のひとつひとつにセリフの字幕がつきます。番組を収録した後、編集でセリフを書き込んでいくのですね。タレント同士のやりとりが目まぐるしく出てきますから、見ていれば、「ああ、不必要な場面はカットして、面白いやりとりだけをつないだのだなあ」ということがわかります。

しかし、編集されているのは、バラエティやドラマばかりではないのです。ニュースもまた同じです。

私がＮＨＫに入ったのは一九七三年のことです。駆け出し記者として、島根県松江市で警察や消防を担当していました。島根県の消防学校の卒業式を取材しました。

最初に講堂で行われた卒業式は、学校長の式辞など、型通りのものでした。でも、そこは消防学校。卒業式の後、出動服に着替えた学生たちが、訓練で身につけた技術を披露するのです。

これを取材した私は、卒業式の様子から、順番に原稿を書いてデスクに提出しました。デスクとは、若い記者が書いた原稿をチェックするベテランのことです。

私の原稿を読んだデスクは、「原稿の順番を変えよう」と言い出しました。私の原稿は、出来事を順番に記していました。これでは、テレビの映像として面白くないというのです。まずは消防技術の披露の映像を見せて視聴者の興味を引き、その後で卒業式のことを伝えようというわけです。

順番を逆にしていいの？　などと私は疑問に思ったのですが、そこはベテランのデスク。原稿をうまく直します。消防技術披露のことを先に書いた後、「これに先立ち、消防学校では…」と直したのです。

これなら、間違いではありませんね。順番を逆に編集しています、という説明にもなっています。そうか、順番を逆にしても、原稿がちゃんとしていれば、ウソにはならないのだ。私は感心しました。ニュースも編集されている、というのは、たとえばこういうことなのです。

編集でイメージが変わる

編集の技法は、とりわけドキュメンタリーの場合に威力を発揮します。

たとえば、あるカップルが結婚するというシーンだとします。結婚式のカップルの映像の後に、美しい花の映像をつなぐと（これをイメージショットといいます）、幸せな結婚のイメージが伝わります。

ところが、結婚式の映像に、嵐が近づく空の映像をつなぐと、波乱の結婚生活を予感させます。コメントをつけなくとも、視聴者が、そんなイメージを持ってくれるのです。

映像をして語らしめる、とは、こういうことなのですね。

しかし、この手法を悪用すれば、作り手としてウソはつかずに視聴者に間違ったイメージを与えることも可能です。編集というものの、可能性と危険性がお分かりいただけたでしょうか。テレビを見るときは、「すべては編集されている」という自覚を持つようにしましょう。

キャスターとは何者か？

アメリカではアンカーだ

テレビニュースを伝える人を「ニュースキャスター」と呼びます。これは和製英語です。放送のことを英語で「ブロードキャスト」といい、テレビ番組の司会者のことを「ブロードキャスター」と呼ぶことから、日本語で「キャスター」という言葉が生まれました。

では、アメリカでは「ニュースキャスター」のことを何と呼ぶのか。答えは「アンカー」です。

アンカーとはリレーの最終走者のことですね。取材・報道は、たった一人ではできません。記者、カメラマン、編集者など多数の人の働きによって、ニュースが放送されます。ニュースを読んで視聴者に伝えるのは、そうしたリレーチームの最終走者。その意味を込めてアンカーと呼ぶのです。

リレーでもアンカーがしっかりしていないと大逆転の目にあうことがありますし、優秀なアンカーなら、最終コーナーでの逆転も可能です。

当初アメリカでは「アンカーマン」と呼ばれていました。ニュースの伝え手は男性と相場が決まっていたからです。

しかし、女性も登場するようになって、女性は「アンカーウーマン」と呼ばれました。ところが、女性が多数登場するようになると、わざわざ「アンカーウーマン」と呼ぶこともないということになって、現在では、男女どちらにも使える「アンカー」に落ち着きました。

議長のことを以前は「チェアマン」と呼んでいたのが、女性議長も誕生するようになって「チェアパーソン」と呼び名が変わったのと同じような事情ですね。

ちなみに警察官は「ポリスマン」から「ポリスオフィサー」に、「カメラマン」は「フォトグラファー」に変わっています。

キャスターの権限には大きな違いが

アメリカと日本のキャスター事情で一番の違いは、キャスターの権限の大きさでしょう。

日本のニュースキャスターは、自局のアナウンサーや外部のタレントを起用することが多いのですね。この場合、番組全体の責任者は、放送局のプロデューサーです。その日の番組で何を取り上げ、キャスターがどんなコメントをするか、最終的に決めるのは、このプロデューサーなのです。

もちろんキャスター個人も、事前に「こういうことを言いたい」と主張したり、放送中にアドリブでコメントしたりしますが、その最終責任は、番組のプロデューサーが負うことになります。

これに対してアメリカのニュースキャスター（アンカー）は、番組の責任者でもあります。その日の番組で、どのニュースをどの順番で取り上げるか、決定権を持っているのです。アメリカのニュースキャスターは、日本のキャスターと異なり、放送で自分の意見を言うことがありません。しかし、その日の番組全体が、そのキャスターの意見を集約したものなのです。

アメリカのニュースキャスターがそれだけの権限を持っているのは、ベテランの記者だからです。的確なニュース判断ができるだけの力を持つことができて初めて、キャスターになれるのです。

ですから、アメリカのニュースでは、日本のような若い女性キャスターが登場することはありません。まして、若い女性キャスターがニュースについてコメントするなど、信じられない作法なのです。

NHKの場合は、かつて磯村尚徳という記者をキャスターに据えて、「ニュースセンター9時」という番組をスタートさせたことがあります。この番組では、磯村キャスターに編集権がありました。アメリカ式のニュース番組だったのです。番組の中での磯村キャスターのコメントは、本人の責任で語られていました。

NHKではいまでも夜九時のニュース番組の男性キャスターは記者で、編集権を持っています。それ以外のニュース番組でニュースを読んでいるのはアナウンサー。編集責任者は別にいるのです。

ニュースセンター9時
一九七四年四月〜一九八八年三月まで放送された、NHKの報道番組。この番組の初代キャスターが、当時外信部長だった磯村尚徳（いそむらひさのり）氏。ニュースを話し言葉で伝えたり、旬の話題をいち早く取り入れたりするなど、当時としては斬新な手法で従来のニュース番組の型を打ち破り、注目を集めた。

コメンテーターとは何者？

不思議な職業コメンテーター

朝のニュースショーや昼間のワイドショーでは、「コメンテーター」と呼ばれる人たちが出演します。私も出ていますので、あまり他人事のようなことは言えないのですが、これが不思議な役回りですね。

番組では、キャスター（司会者）がコメンテーターに意見を求めます。このとき実際は、キャスター自身が意見を言った後、コメンテーターに話を振ることが多いのです。そうなりますと、コメンテーターとしては、直前のキャスターの意見に異議を唱えることはむずかしくなりますね。とりあえずは、「そうですね」と受けた後で、少しずつ自分の見解を披露することになります。

キャスターが事前に自分の意見を言わなくても、その場の雰囲気で、キャスターがコメンテーターにどんなコメントを求めているかわかってしまうことがあります。こんなときも、期待に沿う見解を述べざるを得ません。つまり、「空気を読む」ことが必要とされるのです。

スタジオの空気を読めず、キャスターや番組プロデューサーの期待に応えることができないコメンテーターは、いつしか画面から消えていくことになります。

コメンテーターには二種類ある

ただ、番組にもよりますが、コメンテーターとしては二種類の人が求められているようです。

ひとつは、ある程度常識的な見解を基盤にしながら、常人が気づかない鋭い着眼点を指摘してくれるタイプの人です。もうひとつは、ある意味で非常識な、奇想天外な発想で視聴者を驚かしたり、喜ばせたりするタイプの人です。

ニュース番組では前者の人ばかりのことが多いのですが、ワイドショーの要素が強い番組では、後者のコメンテーターが出演することがよくあります。

要するに、コメンテーターとは、その番組の制作者の意に適ったコメントを的確に発してくれる人が選ばれるということなのです。当たり前といえば、そうなのですが。

視聴率競争の理由

GRPがキーワード

関西テレビによる「納豆ダイエット捏造事件」などが発覚すると、民放の視聴率競争が話題になります。民放は金儲けが第一の視聴率第一主義だから、という批判が起こります。

制作者とすれば、自分の番組を多数の人に見てもらいたいのは当たり前。でも、視聴率が高いと、どうして民放の経営に関係してくるのでしょうか。

もちろん、「当社のゴールデンアワーの時間は高視聴率ですから、コマーシャルを出すなら、それなりに高いお金を払ってください」という交渉が行われるであろうことは容易に推測できますね。でも、それだけではないのです。それは、視聴率が高いと、その局の収入が増えるという仕組みがあるからです。そのキーワードは、「GRP」（グロス・レーティング・ポイント）です。

GRPを日本語に直すと、「総視聴率」とでも言いましょうか。視聴率に回数をかけたものです。これは、番組と番組の間に入るスポット広告に関する数字なのです。

たとえば、「このコマーシャルは、一〇〇〇GRPで一〇〇〇万円払います」という契約が成立したとしましょう。金額はあくまで仮定の数字です。

視聴率が一〇％の番組にコマーシャルを入れる場合、一〇〇回放送すれば、一〇かける一〇〇で一〇〇〇GRPを達成します。

ところが、視聴率が二〇％の番組なら、五〇回放送するだけで、一〇〇〇GRPになりますね。残りの五〇回分のスポット枠は、別のコマーシャルを流すことができます。

この仕組みにより、高い視聴率の番組がある放送局ほど、スポット広告の代金もたくさん入ってくるというわけなのです。放送局としては、利益を上げるために、高視聴率を目指すことになるのです。

そもそも視聴率とは？

では、視聴率とは、どういうものなのでしょうか。

視聴率には「世帯視聴率」と「個人視聴率」がありますが、通常言われる数字は、世帯視聴率です。

テレビを見ている世帯についての数字は、視聴率と占拠率があります。

たとえば一〇世帯のうち二世帯がAという番組を見ていたら、A番組の視聴率は二〇％です。一〇世帯のうちテレビをつけていたのが八世帯だったら、A番組の占拠率は八分の二の二五％ということになります。

視聴率調査をしているのは「ビデオリサーチ」という会社です。放送局が調査しているわけではありません（NHKだけは独自調査も実施していますが）。

そもそもは、スポンサー企業が、「自社が出した広告を、どのくらいの視聴者が見ているのか、データが欲しい」と言い出して始まった調査です。放送局向けではなく、スポンサー企業向けの調査なのですね。

ビデオリサーチは、全国二七地区で視聴率調査を実施しています。関東、関西、名古屋地区では六〇〇世帯を対象に、それ以外の地区では二〇〇世帯が対象です。

こんなに少ない対象世帯で、正確な視聴率が出せるものなのか。そういう疑問を持つ人は多いと思います。そのとき例に出されるのが、「スープの味見」です。スープの味をみるのに、全部を飲んでしまう必要はありませんね。よくかき混ぜて、スプーン一口を飲めば味がわかります。だから、調査対象は少なくてもいいのです。その代

ビデオリサーチ
　テレビ番組の視聴率やラジオ番組の聴取率などのメディアリサーチやマーケティングリサーチを行う会社。電通、博報堂などの広告代理店や民放キー局が出資して一九六二年に設立された。集計した視聴者のデータを、放送局や企業、官公庁などに伝え、商品・製品の開発やサービスの改良改善などに役立ててもらうための橋渡しの役目も担っている。

わり、「よくかき混ぜて」という部分に配慮が必要です。調査対象の家庭を、統計学的に無作為抽出することになります。

ただし、統計には誤差がつきものです。視聴率も同じこと。たとえば調査対象六〇〇世帯で「視聴率一〇％」という結果が出たとき、誤差はプラスマイナス二・四％です。

つまり、視聴率一〇％といっても、実際には、「七・六％から一二・四％の範囲内のどこかである信頼度」が九五％というのが統計学的な解釈になります。

信頼度が九五％ですから、一〇〇回調査すれば、そのうちの五回は、誤差がプラスマイナス二・四％より大きくなっている、ということを意味します。

こうしてみれば、「うちの番組は視聴率が一二％とれたから、視聴率八％の裏番組に勝った」と喜んでも何の意味もないのです。

そんな理屈はわかっていても、そこは人間。たとえコンマ一％でも、裏番組より上回っていると、「勝った、勝った」と言いたくなるものなのです。

本当に調査をしていた

ビデオリサーチでは、無作為抽出で選んだ調査家庭を訪ね、その家庭に放送局関係者がいないことを確認した上で、調査用のレコーダーを設置させてもらいます。どのチャンネルを見ているかを一分ごとに記録して、翌朝、電話回線を使って自動的にデータが会社に送られます。

でも、本当に調査しているの？という疑問は以前から囁かれてきました。そこで、実験をした番組があります。

深夜の民放番組が、「いまから一分間、視聴者の皆さんはＮＨＫ教育テレビにチャンネルを合わせてみてください」と放送で呼びかけたのです。深夜だったので、ＮＨＫ教育テレビは放送を休止していました。つまり視聴率はゼロで当然だったのですが、その時間だけ、視聴率が数％出たのです。

視聴率調査が本当に行われていることが、この実験でわかりました。

高い視聴率を取りたければ、視聴率を特集する番組を放送すればいい。こんなことが言われます。実際に、視聴率特集をして高視聴率を上げた番組があります。

どうして高視聴率を取ることができたのか。視聴率のレコーダーが設置してある家庭は、自分の家にある機械がどんな働きをしているのか興味津々。視聴率特集の放送があれば、つい見てしまうというわけです。

つまり、視聴率特集をして高い視聴率を取った番組は、視聴率の調査対象の家庭が多く見たので高い数字が出ただけ、ということのようなのですね。

視聴率は低下傾向に

私が子どものころ、テレビ局といえば、NHK以外に二局か三局。となると、翌日学校や会社で話題になる番組は限られていました。人気番組はみんなが見ていたので、共通の話題に事欠きませんでした。

しかし、その後チャンネルは増えるばかりです。多チャンネル化が進むにつれて、地上波と呼ばれるこれまでのテレビ局の番組の視聴率は低下傾向にあります。

その代わり、BSやCS、ケーブルテレビなど、さまざまな番組を見る視聴者が増えているのです。

こうなりますと、よほどの人気番組でない限り、翌日話題になることはなくなったのです。選択の可能性が広がっていいことなのか、共通の話題が減って寂しいことなのか。

番組はなぜ五四分から始まるのか?

新聞のテレビ欄を見ると、民放の場合、夜八時からの番組は八時五四分に終わり、九時からの番組は九時五四分に終わることが多いことに気づくのではないでしょうか。どうしてなのか、疑問に思ったことはありませんか。これは民放だけのことですから、コマーシャルが関係しているのだろう、という推測はできますよね。

民放にしてみれば、コマーシャルは長時間入れれば入れるほど収入が増えます。でも、視聴者にしてみれば、コマーシャルは短時間なほどありがたいですね。民放は、その狭間で悩むのです。

そこで、民放各局で談合し、コマーシャルの放送時間の基準を申し合わせたのです。次のようなものです。

五分以内の番組ならCMは一分。
五分を越え、一〇分以内ならCMは二分。
一〇分を越え、二〇分以内は二分三〇秒。

二〇分を越え、三〇分以内は三分。
三〇分を越え、四〇分以内は四分。
四〇分を越え、五〇分以内は五分。
五〇分を越え、六〇分以内は六分。

この基準により、六〇分番組はコマーシャルを六分入れられるのです。

そこで、ある人が考えました。六〇分番組を五五分と五分の番組に分割したらどうか、と。

五五分番組でも、「五〇分を越え」ていますから、コマーシャルは六分入れられます。一方、五分番組は一分入れられます。合計で七分のCM枠をひねり出すことができたのです。

そうなると、もっと知恵者がいました。六〇分の時間を、五四分と六分に分割したのです。これだと、五四分番組でも「五〇分を越え」ているので、六分のCM枠が取れます。さらに六分の番組なら、「五分を越え」ているので。CMは二分入ります。合計八分のCM枠を確保できたのです。

いったん一つの局がこれを始めると、利点に気づいた他局が追随。結局、各局が同じことをしているのです。

みんなで談合するけれど、何とか自分だけ抜け駆けしたい。そんな思いが、こんな結果になったのです。

番組作りのお約束

ドラマにはタブーがある

あなたは民放のドラマを見ますか。時代の最先端のファッションや人間模様など、よくできたドラマが多いのですが、気づきにくいところに、さまざまなタブーが存在しています。その番組のスポンサーとの関係です。

五四分のドラマの場合、その時間枠を買ったスポンサーが、時間枠の料金と共に、番組制作費も出します。以前は一社だけで費用を出す「一社提供」というのがいくつもありましたが、最近は制作費の高騰もあり、複数のスポンサーが提供することが一般的になりました。番組の最初に、「この番組は、ご覧のスポンサーの提供でお送りします」というアナウンスと共に紹介される会社です。

たとえば自動車メーカーがスポンサーになっているドラマのことを考えてみましょう。ドラマの中で自動車事故が起きて恋人が死んだりけがをしたりするという状況は、スポンサーにとって困りますね。自動車事故は起きないのです。

ある自動車メーカーがスポンサーになっている刑事ドラマが放送されていたことが

あります。刑事たちが乗る覆面パトカーは、どれもスポンサーの自動車メーカーの最新モデルばかりでした。一方、犯人が乗って逃げる自動車は、当然のことながら、この自動車メーカーのものではありませんでした。

殺人事件が起きるサスペンスドラマを考えてみましょう。製薬会社がスポンサーだと、毒殺という殺人手段はとれません。製薬いや制約があるのですね。

生命保険会社の提供だと、保険金殺人なんてとんでもない、ということになります。証券会社の提供だと、株の暴落というシーンは出てこないでしょうね。

私の知人のタレントさんが、食をテーマにした番組に出演していました。手作りのおいしい食事を食べて、「コンブでダシをとっているからおいしいですね」と言ったら、これがＮＧ。

食の番組だけあって、スポンサーは食品会社。インスタント食品も売っているので、結果的にインスタント食品を否定するようなコメントは困ると言われたのだそうです。

ＮＨＫが、「ハゲタカ」というドラマを放送したことがあります。企業買収がテーマでした。自分が企業買収されるかも知れない民放各局では到底取り上げることので

ハゲタカ
二〇〇七年二～三月にかけて六回シリーズで放送されたＮＨＫ土曜ドラマ。原作は元新聞記者で作家の真山仁。「企業買収」ビジネスをめぐる男たちの野望と葛藤、挫折と希望を浮き彫りにしたストーリーは、放送当初から注目をあつめ、第五九回イタリア賞「シリーズドラマ番組部門」で、最優秀賞にあたるイタリア賞（イタリア放送協会主催）を受賞したのをはじめ、放送文化基金賞（本賞）、ギャラクシー賞（優秀賞）など、数々の賞を受賞した。

きないテーマだと話題になったものです。

なぜ旅館の看板が大写しになるのか

ゆったりとした旅番組が人気ですね。疲れて帰宅したときは、温泉旅館でタレントが温泉に入ったり、「おいしい」と言って豪華な食事を食べたりしているのを見ていると、疲れが癒される気がします。裏側のことを考えなければ、ですが。

旅番組にはお約束があります。タレントが地方へ旅立つとき、乗った飛行機が羽田空港から飛び立つシーンが出てきます。どの航空会社を使ったか一目瞭然です。

旅番組は制作費用が限られています。タレントさんの出演料を払うと、残りはわずか。そこで、制作スタッフの交通費は航空会社に出してもらい、その見返りに飛行機のシーンを写すというわけです。

タレントさんが目的の温泉旅館に到着するシーン。旅館の看板が大写しになります。制作スタッフもここにタダで泊まり、その見返りに旅館を宣伝しているのだろう、ということがわかりますね。

温泉旅館で豪華な食事が出ているのを見て、その旅館に泊まってみたら、出てくる食事はわずかなもの。「テレビで豪華な食事を食べていたが」と文句を言うと、「あれはテレビの撮影用です」と言われた。こんな例があるそうです。ご注意を。

女性タレントが露天風呂に入るシーンも、お約束のように出てきますね。業界用語で、男性視聴者用のサービスカットといいます。このとき女性タレントはバスタオルを巻いたまま温泉に入ることがあります。これを見て、「温泉にはバスタオルを巻いて入るものなのだ」と勘違いする視聴者がいるそうです。そんな勘違い客に困っている温泉業界から放送局に抗議電話がかかってくることもあるので、最近はバスタオルが見えないように撮影したり、「撮影用にバスタオルを着用しています」というお断わりのテロップ（字幕）を出したりしているのです。放送局も苦労しますね。

CMに出ている俳優の組み合わせが大変

ドラマでどの俳優を共演させるか。これも最近は組み合わせがむずかしくなっています。

たとえば恋人同士が携帯電話で話すシーンを考えてみてください。二人が別々の携帯電話会社のコマーシャルに出ていたら、どの携帯電話を使うか、問題が生じます。

別々の自動車メーカーのコマーシャルに出ていたら、ドライブのシーンは困りますよね。出演者を選ぶ（これをキャスティングといいます）ときには、その出演者が、どんな企業のCMに出ているのかをチェックしなければならないのです。

スポンサーとの関係を気にしなくてはならないのは、ドラマだけとは限りません。ワイドショーで現場から生中継する際、番組スポンサーのライバル企業の看板の前でリポートしたリポーターが叱られた、なんていう悲喜劇も起きています。

政治とテレビ報道

田中大臣をテレビは歓迎した

小泉政権の誕生以降、テレビの政治報道に関する批判が強くなりました。小泉政権は、テレビを意識したＰＲ戦略を駆使し、それにテレビが乗せられたのではないかという批判です。

第一次小泉内閣が誕生したとき、外務大臣に就任した田中眞紀子氏は、外務省の官僚と激しいケンカを繰り広げました。闘争と呼ぶにはあまりにレベルの低いケンカでした。

ネックレスが見つからないと言って秘書を罵り、同じものを銀座まで買いに行かせたために大事な会議に遅れるなど、その行状は大臣としての資質を疑わせるものでしたが、テレビは、田中大臣を英雄のように持ち上げ、面白おかしく取り上げました。

田中氏は、他人を批判する表現力に優れています。他人を批判するというか、からかうコメントの面白さに多くのマスコミが飛びつき、テレビで取り上げました。

これにより、田中大臣は、国民的な人気を勝ち取りました。外務大臣としてどんな仕事をしているのかに関係なく、人気者になったのです。テレビが、それを後押ししました。どこのテレビ局も、本来注目すべき外務大臣としての仕事ぶりを綿密に検証しようとはしなかったのです。

小泉首相の短いコメント

小泉首相は在任中、午前と午後の二回、記者たちの前に現れて、さまざまな出来事に関して短いコメントを述べました。連日画面に登場することで、国民の支持を得ようとしたのです。

小泉首相のコメントは、いつも短いものでした。これが、テレビの〝生理〟にはぴったりでした。テレビの側でも、小泉談話を求めたのです。

複雑な問題は、説明に二分も三分もかかるのですが、これでは短時間のテレビニュースで伝えきれません。二〇秒程度の短いコメントで処理したいのです。その点で、小泉首相の短いコメントはぴったりでした。

政治家が演説した内容を、短くして放送で使う手法を「サウンド・バイト」といいます。サウンドは音、バイトは「一かじり」という意味。演説のごく一部分の印象的なフレーズを使うことなのです。

政治家は、複雑な問題を長時間かけて説明しようとしますが、テレビは、その一部分だけを取り上げて紹介します。これがサウンド・バイトです。これでは、複雑な問題の全体像が明らかになりません。場合によっては、ニュアンスが違ってしまうこともあります。

テレビのこの手法が知られるようになると、政治家の側も、対抗策を考えます。印象的な一言を考え出し、その部分だけを何度も演説で使うのです。

しかし、これではスローガンの連呼に過ぎません。政策論議が深まることにならないのです。

NHKと民放

NHKは「公共放送」

世界には、国営放送しかない国、民放しかない国もあります。日本の場合は、NHKという「公共放送」と民間放送の二本立てになっています。

NHK（日本放送協会）は、公共放送と自称しています。国営放送ではないのですね。国営放送は、国民の税金で運営されていますが、NHKの場合は、「受信料」収入によって支えられています。

国営放送ではないので、政府からの独立を確保するため、経営委員会制度が設けられています。全国各地を代表する委員や、経済界などからの委員などによる経営委員会が、最高意思決定機関です。経営委員会が、NHKの会長を任命するのです。

ただし、この経営委員は、国会の承認人事です。国会で承認されて初めて委員に就任できます。国会は長く自民党が過半数を確保してきましたから、自民党の承認を得られる人事になってきました。安倍政権時代には、安倍首相の意向で富士フイルム社長の古森重隆氏が経営委員長に送り込まれました。

古森委員長の下での経営委員会は、ＮＨＫの経営計画を「生ぬるい」と突き返すなど、厳しく経営をチェックするようになりました。

その一方で古森委員長は、二〇〇七年九月の経営委員会で、「選挙期間中の放送は、歴史ものなど微妙な政治問題に結びつく可能性もあるため、いつも以上にご注意願いたい」と発言しています。特定の番組を指しているかどうかは不明ですが、経営委員長が、放送内容にまで注文をつけたのは初めてのことです。政治家から送り込まれた経営委員長が、放送内容に口を出そうとしているのではないかという疑惑・警戒心がＮＨＫの内部に広がりました。

ＮＨＫの予算と決算は、国会の承認を必要としています。受信料は税金ではなく、ＮＨＫが独自に視聴者から集めるものですから、建前で考えれば国会が介在する必要はないはずです。

しかし、広く国民から集めた受信料の使い道は、ＮＨＫとは別の立場から監視する必要があると考えられ、国民の代表である国会議員がチェックする仕組みになっているのです。

政治家介入の危険が常に

ＮＨＫが受信料を勝手に使わないように、国民の代表である国会議員がチェックするという仕組みは、国会議員がＮＨＫの放送内容に口を出すという可能性（危険性）をもたらしました。

ＮＨＫの経営陣にすれば、ＮＨＫの予算を国会で承認してもらわなければなりません。そうなると、日頃から国会議員と接触を保ち、予算がすんなり国会を通るようにしようと考えます。ＮＨＫの中に、国会対策要員が生まれます。

国会対策要員としては、国会の事情に詳しい人が求められます。その結果、政治部の記者の中から選ばれるという傾向が生まれるのです。

それまで国会議員から取材していた立場から一転して、国会議員にお願いする立場になります。そんな先輩たちの姿を見ている現役の政治部記者たちに、国会議員に対する遠慮が生まれない保証はありません。

国会議員にしても、顔見知りの政治部記者が国会対策要員になれば、「あの番組だけどさあ…」と相談を持ちかけたり、圧力をかけたり、ということも発生します。ＮＨＫで放送した番組について文句を言ったりすることがあるのです。

そのとき、担当者が毅然とした態度を貫いて、その場限りにしておけば問題はないのですが、政治家の抗議や文句をそのまま現場に知らせ、「どうなっているんだ」と政治家の立場になって怒ってしまうと、おかしなことになります。放送現場が、政治家に遠慮するようになるかもしれません。

ＮＨＫと国会の関係は、建前としては理解できるものですが、実際の運用に当たっては、政治に弱い放送局になる可能性（危険性）があるのです。

なぜ受信料を徴収するのか

ＮＨＫはなぜ受信料を徴収しているのでしょうか。この背景には、「受益者負担」原則があります。「利益を受ける人が費用を負担する」という考え方です。高速道路を利用する人から料金を徴収するのと発想は同じです。

戦前の日本で、初めてラジオ放送が始まったときのことを考えてみましょう。当初は東京でもラジオの受信機を持っていた人は、一握りの金持ちだけ。その人たちだけのためのラジオ放送に、国民の税金を使うことは、果たして正当化できたでしょうか。「ラジオなどという一部の人しか聴かないものに、国民の税金など使うな。聴く人が費用を払え」というのが一般の国民感情でした。そこで、ラジオの受信機を買った人から「聴取料」を徴収し、そのお金で放送する費用をまかなっていたのです。

戦後、テレビ放送が始まったときも事情は同じです。聴取料は受信料という名前に変わり、今でもこの制度が続いています。

支払いに不満の人も

ただ、この方式だと、「ＮＨＫは見ないのに、なぜ受信料を払わなければならないのだ」という不満が起きるようになります。

当初は民放がほとんどなく、テレビやラジオの受信機を持っている人と、ＮＨＫを視聴している人はイコールだったので、問題が起きませんでした。

しかし、これだけ民放局が誕生しますと、ＮＨＫを見ない人には不満が出るようになったのです。

事態が大きく変化したのは、衛星放送のＷＯＷＯＷが発足してからだと私は思います。ＷＯＷＯＷは、受信契約をして、料金を払っている人だけが見ることができるシステムをとっています。「見る人だけが料金を払う」という原則です。だったらＮＨ

ＷＯＷＯＷ
株式会社ＷＯＷＯＷ（ワウワウ）は、一九九一年に開局した、日本初の有料放送を行う民放の衛星放送局。二〇〇〇年、衛星デジタル放送開始。ＮＨＫの受信料と異なり、視聴者が視聴料を支払うことによって有料放送を行っているため、一部の番組をのぞきＣＭを流さない。番組は映画やスポーツなど世界中のエンターテインメント（演芸）を提供。加入者は約二四三万人（二〇〇七年）。社名ＷＯＷＯＷ（ワウワウ）は、驚きや感動を表わす英語の感嘆詞〝ＷＯＷ〟を二つ重ねたものであると同時に、三つのＷには〝World-Wide-Watching〟（世界中の感動を届けたい）という意味が込められているという。

Kも、見る人だけが受信料を払えばいいではないか、という声が起きるようになったのです。

これに対してNHKは、「皆さんによって支えられている公共放送局です」と説明していますが、「地上波の民放を見るのはタダ、衛星放送やケーブルテレビを見る人は料金を払う」という二本立ての中で、NHKの立ち位置は、大変むずかしくなっています。

放送法によって、受信機を持つ家庭はNHKと契約を結ぶことが義務づけられていますが、受信料を払わなくても罰則はありません。そこで払わない人が出ますと、「払わないで見ている人がいるのは不公平だ」という不満を持つ人が出て、不払いに拍車がかかるという事態になっているのです。

とりわけ二〇〇四年、NHK職員による横領事件が発覚しますと、NHKの対応がまずかったこともあり、受信料の不払いが増大しました。二〇〇七年に入って、不払いの比率は減少傾向に向かっていますが、不払いの増大は、NHKの職員を震え上がらせました。「視聴者に見放されたら、NHKは簡単につぶれてしまう」という事実を体感したのです。NHK職員の意識が大きく変化したこと自体は、悪いことでもな

地上波、衛星放送、ケーブルテレビ

地上波は、山頂や電波塔に設置された送信所から電波を送信する（例・東京タワー）。地上波の場合、受信可能な地域はアンテナが見える範囲の地域に限られるため、電波が届きにくく映りの悪い地域があった。その問題を解決したのが衛星放送だ。

衛星放送は赤道上空にある静止衛星に電波を送り、そこから地上に向けて再送信するため、広範囲での受信が可能である。

ケーブルテレビは光ケーブルなどを用いて行われる有線放送である。おもにテレビの放送に用いられるが、最近ではインターネット接続や電話サービスなども同時に行われるようになった。

NHK職員による横領事件

二〇〇四年七月に発覚した、元チーフプロデューサーによる番組制作費横領事件。金額は六二〇〇万円あまりにおよび、被告の元チーフプロデューサー

かったような気がしています。

「商業放送」?　「民間放送」?

私たちは民放という呼び方をしますが、以前のＮＨＫは、「商業放送」という言い方をしていました。「自分たちは公共のための放送をしているが、あちらは、金もうけのための放送局です」という意識がちらつく呼び方ですね。

一方、民放という呼び方は、民放が自称しているものです。「民間放送」という表現は、「ＮＨＫは民間ではなくて官の放送局でしょ」という意識があります。ＮＨＫを国営放送扱いする言い方なのですね。

しかし、民放という表現がすっかり定着し、いまではＮＨＫも、民放という表現を使うようになりました。

私がＮＨＫに入った頃は、ＮＨＫ内部で、「民放もタダではない」という言い方をよくしていました。ＮＨＫは受信料を集金するのに対して、民放は見るのがタダだと思っているかも知れないが、スポンサーが商品価格に広告料金分の上乗せしているから、商品を買う人が、民放の経営資金を出しているんだよ、ということでした。

は、懲役五年の実刑判決を受けた。この事件を機に、ＮＨＫへの不信感が高まり、受信料不払い問題が拡大した。

この言い方、考えてみれば当たり前のことで、「だから何なの？」と反論されてしまいそうですが、「民放もタダではない」という事実だけは知っておきたいですね。「我々が商品を買うことによって民放の経営は成り立っているのだ」と言えるのですから。

放送倫理を検証する委員会発足

検証委員会が発足

放送界には、前から「放送倫理・番組向上機構」（ＢＰＯ）という組織がありました。ＮＨＫと民放各局によって作られたもので、放送内容によって名誉を傷つけられたり、被害を受けたりしたという訴えを受理して、検証する組織です。放送界の内部規律によって放送倫理を維持・向上していこうという目的で設立されました。

この組織の内部に、二〇〇七年、「放送倫理検証委員会」（川端和治委員長）が発足しました。関西テレビの「発掘！あるある大事典Ⅱ」の納豆ダイエット捏造事件を機に設立されたものです。この委員会が二〇〇七年八月、ＴＢＳの「みのもんたの朝ズバッ」の放送内容に関して、初めての見解を示しました。

「みのもんたの朝ズバッ」に苦言

問題の放送は、二〇〇七年一月二二日でした。不二家平塚工場で働いていた従業員の内部告発として、「賞味期限切れチョコレートを溶かして製造し直し、新品として

放送倫理・番組向上機構（略称＝ＢＰＯ：Broadcasting Ethics & Program Improvement Organization）

「放送による言論・表現の自由を確保しながら、視聴者の基本的人権を擁護するため、放送への苦情や放送倫理上の問題に対して、自主的に、独立した第三者の立場から迅速・的確に対応し、正確な放送と放送倫理の高揚に寄与することを目的」として設置された。前身は一九九七年五月、ＮＨＫと日本民間放送連盟によって設置された「放送と人権等権利に関する委員会機構」で、二〇〇三年に統合・改組。「放送倫理検証委員会」と「放送と人権等権利に関する委員会（ＢＲＣ）」、「放送と青少年に関する委員会（青少年委員会）」の三つの委員会からなる。

出荷していた」と報じたのです。

この放送に対して、不二家は、「そのような事実はない」と反論し、ＴＢＳは、四月になって、番組内でおわびと訂正をしていました。この放送内容が、放送倫理検証委員会で取り上げられたのです。

その結果、次のような見解がまとめられました。

元従業員への取材は不十分なものであり、クッキーに関する証言をチョコレートに関する証言と混同した。内部告発は問題提起であるべきなのに、番組は一方的な断罪をした。司会者がおわびしたが、「スタジオのお菓子はすべて不二家にする」という言い方で、おわびの方法としてふさわしいか疑問である。放送からおわびまで時間がかかりすぎた。

この見解発表を受けて、ＴＢＳの「みのもんたの朝ズバッ」では、「見解を率直に受け入れ、今後の放送内容に生かしていきたい」と司会者がコメントしました。

これまでの放送では、ややもすると、放送ならぬ「送り放し」だったものがあり、視聴者や関係者からの抗議・訂正要求に必ずしも応えてきませんでした。

放送界が、こうした自浄作用を目指す検証委員会を設立し、今後も問題になった番

納豆ダイエット捏造事件
関西テレビの「発掘！あるある大事典Ⅱ」（一九九六年一〇月～二〇〇七年一月）で、ダイエット効果のある食品として納豆が取り上げられたことから、放送後、全国各地で納豆が売り切れるといった騒動に発展。それが発端となって社内調査をしたところ、実験内容や血液検査に関して虚偽のデータを放映したことが発覚。番組は打ち切りとなり、放送倫理にかかわる大きな社会問題へと発展した。

みのもんたの朝ズバッ
二〇〇五年三月から、ＴＢＳ系列局で、毎週月～金曜日の朝五時半～八時半まで生放送されているニュース・情報番組。司会はみのもんた。通称「朝ズバッ！」。

組内容は検討していくことを示したことで、放送局内部にも緊張感がもたらされることが期待されています。

アメリカの放送事情は？

アメリカにも公共放送

あまり知られていませんが、アメリカにも公共放送があります。ＰＢＳといいます。

アメリカのテレビ局といいますと、ＣＢＳ、ＮＢＣ、ＡＢＣの三大ネットワークが有名です。これ以外にも、ケーブルテレビの世界で、ＣＮＮやＦＯＸテレビなども台頭し、現在では五大ネットワークになっています。

これ以外に各地にひっそりと存在しているＰＢＳは、受信料を集めるのではなく、やはりスポンサーが出す資金で運営されています。放送では、「この番組は、ご覧のスポンサーの資金提供で制作されました」という告知が出るだけで、コマーシャルは流れません。まるでＮＨＫを思わせるような番組が流れているのです。

愛国心に訴える放送局

アメリカのテレビ局では、このところＦＯＸニュースの台頭が目立っています。

「メディア王」と呼ばれるルパート・マードック氏が創設したFOXニュースは、FOXテレビから分かれたニュース専門チャンネルです。このFOXニュースは、徹底した政権寄り放送で視聴率を伸ばしているのです。

マードック氏の経営方針は、徹底した政権寄りです。オーストラリア、イギリス、中国などで放送局や新聞社を多数経営していますが、どこでも、その国の政権寄りの論調をとっています。

アメリカでこの方針が顕著になったのは、二〇〇三年のイラク戦争でした。米軍のイラク攻撃に際して、CNNなど他局が「米軍」という表現を使ったのに対して、FOXニュースは、「我が軍」と呼んだのです。本来客観的な報道をすべきニュースで、敵と味方を分ける報道をしたのです。

これにはアメリカの報道界から批判の声が上がりましたが、FOXニュースは、これによって視聴率を伸ばし、後発ながら、先発組のCNNを視聴率で抜き去ったのです。

激しい内容の「トークラジオ」

アメリカのラジオ局は、極めて多彩です。全国の中小都市にも多数のラジオ局があります。家族で運営しているような小さなラジオ局もあります。朝から晩までジャズだけを流していたり、カントリーを放送していたり。

以前は音楽専門チャンネルが多かったのですが、最近になって、「トークラジオ」と呼ばれる番組が増えてきました。保守的なコメンテーターを起用して、いわゆるリベラル派を徹底的にこき下ろす番組です。キリスト教右派の人たちを対象にした番組で、妊娠中絶反対や米軍賛美を特徴としています。

日本ですと、公共の電波を使用する放送局は、政治的中立性、客観性が求められますが、アメリカのラジオ局は多数あるため、政治的に極端な主張をする放送局や、特定の宗教専門チャンネルも存在します。

日頃テレビに登場する識者や政治家を下品な表現でこき下ろすトークは、保守的な聴取者の心をつかみ、各地に拡大しています。こういう番組を聞いている人たちが、いまアメリカの政治を草の根レベルで支え、変えているのです。

第二章　新聞とのつき合い方

新聞記事はむずかしい

若者が新聞を読まない

新聞離れが深刻です。とりわけ若者が新聞を購読しなくなっています。「新聞を取らなくても、ネットでニュースが読める」「新聞を読むと手が汚れる」等々。親が自宅で新聞を購読していないため、そもそも新聞を読むという習慣が身につかないまま成長する若者も増えています。

かつて日本経済新聞が、電車の中の吊り広告で、「学生諸君、学校を出たら勉強しよう」と自紙の購読を呼びかけたことがあります。この場合の「勉強」とは日経新聞を読むこと。新聞を読むことが勉強になってしまうほど、いまの若者たちは新聞を敬遠しているのですね。

新聞大好き人間の私としては悲しいことですが、実際に新聞記事を読むと、「これじゃあ読者は離れるよな」と思うことがしばしばあります。記事がむずかしいのです。

新聞記者は専門家だが

新聞記者は、いずれもその分野の専門家たちです。専門家は、その分野について詳しいために、つい誰もがこれくらいは知っているだろうと思ってしまいます。これがいけないのですね。

たとえば事件記事を例にとりましょう。警察が容疑者を逮捕して検察に送り、検察が裁判所に起訴する。起訴された段階で、容疑者は被告と呼ばれる。警察が容疑者を検察に送ることを「送検」という。

容疑者を逮捕できるのは警察だけではない。検察もできるので、東京地検特捜部などは、よく容疑者を逮捕することがある。

こんなことは、一般の人はよく知りません。でも、新聞記者たちはよく知っているので、ついつい、誰でも知っているだろうという前提で記事を書いてしまうのです。

新聞記者は、入社すると、まずは地方の支局に配属され、警察や検察、裁判所の担当から始めます。警察や検察はみんな口が堅いため、取材力をつけるには、ここから始めた方がいいという新聞社の研修システムなのです。また、日本人というのは、あらゆることを警察に持ち込みますので、警察を回っていると、さまざまなニュースをキャッチできるという利点もあります。

そこで、みんな警察担当から始めるのですが、その結果、警察や検察のシステムについて詳しくなります。自分だって最初のときは知らないことばかりだったくせに、ついそのことを忘れ、専門用語を駆使した記事を書いてしまうのです。

経済記事でも同じことですね。たとえば日銀（日本銀行）。経済部の記者たちは、日銀がどんな銀行で、日本経済にどんな役割を果たしているか熟知していますから、「日銀の金利引き上げ」「日銀の金融政策決定会合」などという専門用語を気軽に使います。

「たまには経済の勉強でも」と決意した読者が新聞を読もうとすると、専門用語のオンパレード。「やっぱり新聞はむずかしい」と、読むのをあきらめてしまうのです。

私が担当していたＮＨＫの「週刊こどもニュース」には、「新聞を読んでもわからなかったことが、こどもニュースを見て初めてわかりました」という大人からのファンレターが多数寄せられました。みんな、わからないことだらけなのです。

日銀の金融政策決定会合
日銀の政策委員会（最高意思決定機関）が、景気や物価、金融市場の動向を見て、金融調節の基本方針等の金融政策の方針を決める会議のこと。一九九八年一月に発足。メンバーは、日銀総裁と二人の副総裁、六人の審議委員の合計九人で、このメンバーによる多数決で方針を決定する。会議は月一回開かれ、決定事項はすみやかに公表される。

「宅配制度」に安住している

私が報道の世界に入った頃、新聞記事は、中学校を卒業して社会人経験数年の人にわかるように書け、と言われていました。当時はいまほど高校進学率が高くなかったので、こういう表現になったのでしょう。いまなら、高校を卒業して社会人経験数年の人でも理解できるように、ということなのでしょうが。

いまの新聞を読むと、とてもそんなレベルではないことがわかりますね。どうして、こんなに難解な新聞記事が多いのか。理由は二つ考えられると私は思います。

ひとつは、先ほども書いたように、新聞記者が専門家になってしまって、一般読者のことをわからなくなっていることです。

もうひとつは、「宅配制度」に安住していることだと思うのです。

日本の新聞は、しっかりとした宅配制度に支えられています。毎朝自宅の郵便受けに新聞が入っていることを、私たちは当たり前に考えていますが、世界ではそうではありません。

たとえばアメリカ。住宅街では一部宅配制度のある場所もありますが、その多くは、繁華街や駅の売店で新聞を買うことになります。ということは、新聞社にとって

新聞の宅配制度
新聞社がフランチャイズ方式で各地に設置する新聞販売店が各家庭に新聞を配達する制度。一紙を専門に扱う専売店と、複数の新聞を扱う合配店がある。

みれば、読者が毎日自紙を読んでいるとは限りません。その日たまたま自紙を手に取った読者もいるはずです。そこで、いつ読んでもわかる記事を書くことになります。その結果、アメリカの新聞の一つ一つの記事は、大変分量の多いものになります。いつでも、「この話はそもそも…」という文章が入っています。

これに対して日本の新聞は、宅配制度に支えられていますから、新聞記者は、読者が毎日読んでくれていることを前提に記事を書きます。その結果、続報や途中経過の記事が多くなるのです。

取材した新聞記者が、「この話はそもそも…」という原稿を書くと、デスクが、「これはきのうの続き原稿だろう。だったら、そもそもの話はいらない。続報を書け」と指示することがよくあります。

しかし、読者にしてみれば、毎日すべての記事に目を通すことなどできません。連日大きなニュースになっているようなことだと、「このニュース、どういうことなんだろう」と疑問を持ち、理解するために新聞記事を読み始めます。すると、書いてあるのは途中経過だけ。全体像がわからず、「新聞記事はやっぱりむずかしいや」ということになってしまいます。

新聞は宅配制度によって支えられているけれど、その制度に安住することで、記事が理解しにくくなっているのです。

全国紙とブロック紙、地方紙

ここで、日本の新聞業界をざっと展望しておきましょう。日本には、発行している地域で分類すると、全国紙、ブロック紙、地方紙、地域紙の四種類があります。

全国紙は名前の通り、全国で販売している新聞です。東京ばかりでなく、大阪や名古屋、福岡にそれぞれ本社を置き、紙面を独自編集しています。発行部数順に、読売新聞、朝日新聞、毎日新聞、日本経済新聞、産経新聞です。ただし、産経新聞の場合は、実際には関東と関西が中心で、それ以外ではほとんど部数が出ていません。実態としては、もはや全国紙には分類できません。

ブロック紙は、北海道新聞や中日新聞、西日本新聞です。東京新聞は、中日新聞社の東京本社が「東京新聞」の題字を使って発行しています。共通する記事も多いのですが、東京は独自編集しています。また、中国新聞はブロック紙として中国各地で販売していますが、広島県が中心です。

地方紙は、東奥日報や河北新報、信濃毎日新聞、静岡新聞、山陽新聞等々です。主にその県内だけで発売しています。北海道の十勝毎日新聞のように、北海道の十勝地方では北海道新聞よりも部数の多い新聞もあります。十勝毎日新聞も信濃毎日新聞も、全国紙の毎日新聞とは関係ありません。

地方紙よりも小さいエリアで発行されているのが地域紙です。こちらは千差万別。ほとんど一人で発行しているような新聞もあれば、数十人が働く会社もあります。

通信社の役割

まるで「共同新聞」？

地方紙は、その地域のことは詳しくても、国会での動きや霞が関の中央官庁の動き、さらには海外での取材は、なかなかできるものではありません。そこで、自社がカバーできない地域や分野は、通信社の記事を使うことになります。

全国のブロック紙、地方紙は、資金を出しあって社団法人の共同通信社を運営しています。また、株式会社の時事通信社の記事を購入することもあります。

このため、国会や中央官庁の動きが掲載されている一面は、共同通信社の記事ばかり、ということもあります。

また、共同通信社も独自の論説委員会を持ち、社説を配信しています。各地方紙は、この社説を自社の社説として掲載することも多いのです。

こんな地方紙の現状を「共同新聞」と自嘲する地方紙関係者もいます。

通信社
　新聞社、放送事業者などに、内外のニュースや各種の記事を供給する会社。日本の代表的通信社は、共同通信社と時事通信社で、ともに一九四五年設立。

海外の通信社とも提携

　海外には国際的な有力通信社がいくつもあります。アメリカのＡＰ、イギリスのロイター、フランスのＡＦＰ、ロシアのイタルタス、中国の新華社などです。日本の通信社も、これら海外の通信社と提携して、記事を相互に交換し、自由に使える仕組みを作っています。

　また、経済ニュースの需要が高まるにつれ、アメリカのブルームバーグのような経済通信社も伸びてきています。ブルームバーグの場合は、日本国内でＣＳ放送まで実施しています。

新聞記事への読者の深読み

「天下の朝日」が

こうした新聞社の仕組みを知らないと、読者の中には、深読みをする人も出てきます。私は朝日新聞の夕刊に、「池上彰の新聞ななめ読み」というコラムを連載していますが、この欄あてに多くの読者からのお便りをいただきます。その中に、こういうものがありました。

二〇〇七年一〇月、新潟市の読者からの手紙です。地元紙『新潟日報』に、「国税庁が、下水道事業に関する消費税を誤って過大に課税していた」という記事が出ていたのに、朝日新聞には一行も出ていない。「天下の朝日」が取材できないわけはないのに掲載しないのは、相手が国だから遠慮したのか、何らかの圧力があったのか。という趣旨でした。

この読者は、朝日新聞と新潟日報の両方を購読しているのですね。

「天下の朝日」とか、「朝日ともあろうものが」というのは、朝日新聞を批判するときの枕詞のように使われます。それだけ朝日新聞のステータスが高いということなのでしょうが。

特ダネ抜かれても追いかけなかっただけ

さて、何があったのか。実は『新潟日報』に掲載されていた記事は、共同通信が配信したものだったのですね。

その記事を読むと、国税庁が「過大に課税していたことが十日、分かった」と書いてあります。

さて、この「十日、分かった」という書き方。これが問題です。国税庁が発表したとは書いていませんね。こういう書き方は、他の報道機関に抜かれたニュースを追いかけるときの独特の表現なのです。「十日、分かった」というのは、正確には「他紙の特ダネを読んで、共同通信の記者が十日、分かった」という意味なのです。

この記事を、共同通信は一〇日の昼過ぎに配信しています。実はこのニュース、一〇日の読売新聞朝刊の特ダネ記事だったのです。

一〇日の朝、読売新聞朝刊を見た共同通信の記者が、慌てて追いかけて取材をし、昼過ぎに配信。それを『新潟日報』が翌日朝刊の紙面に掲載した、という顛末でした。

読売新聞の記事を共同通信の記者は追いかけたのですが、朝日新聞の記者は追いかけなかった、ということなのです。わざわざ書くまでもないニュースだと判断したのか、抜かれたことが悔しかったせいか、その真相まではわかりませんが。

深読みするが実態はもっと単純

他紙が書いているのに朝日が書いていないと、読者は、「国に遠慮したのか、圧力があったのか」と深読みしてしまう。こういうことがあるのですね。朝日社内では、「抜かれてしまった、どうしよう」と困っているだけなのに。

私が以前所属していたNHKでも事情は同じでした。NHKの記者が苦労して特ダネを書くと、「どうしてNHKだけが情報を得られたのか。当局が意図を持ってNHKにだけリークしたのか」と詮索されます。逆に、NHKは知らず、他社に特ダネを抜かれると、「どうしてNHKは報じないのだ」と怪しまれたりするのです。

新聞やテレビは一斉に同じ情報をつかんで報道していると思っている人が多いので、一部の社だけが報じたり、逆に一部の社だけが報じなかったりすると、その理由を探りたくなるようです。一斉に同じニュースを報道することも多いので、そう思ってしまうのでしょうが、実際には、各社が激しい特ダネ競争を繰り広げているのです。

その結果、記者の頑張りで特ダネをとったり、特ダネを抜かれたりしているだけなのです。読者や視聴者は、マスコミが報道したりしなかったりする理由を深読みしたくなるようですが、実は極めて簡単な理由であることが多いのです。

渡辺会長は何をしたのか

大連立構想で政界は大揺れ

二〇〇七年一一月、新聞記者の倫理が問われる事件が起きました。自民党と民主党の大連立構想を、読売新聞グループ本社会長の渡辺恒雄氏が仕掛けたのではないか、という問題でした。

自民党は衆議院では多数を占めていますが、参議院では議席が過半数に達しません。このため、「テロ対策特別措置法」の延長など、重要法案の成立が困難になっています。そこで福田首相が民主党の小沢代表と党首会談を開き、両党が連立することを話し合ったのです。

この構想については、民主党内部で反対が噴出し、いったん福田首相の申し入れを受け入れた小沢代表が責任をとって辞任を発表しました。小沢代表は、その後辞意を撤回しましたが、政界を大きく揺るがす事件となりました。この連立構想の仕掛け人が、渡辺会長だったのです。

大連立構想
二〇〇七年一一月、自民党福田康夫と民主党小沢一郎との党首会談で話し合われた大連立政権を組む構想のこと。この年、夏の参議院選挙で大敗した自民党は、参議院で民主党に第一党の座を奪われた。身動きのとれない福田内閣は、小沢の主張に大幅において、小沢の主張に大幅な歩み寄りを見せ大連立への協力を求めたため、小沢は民主党内で協議すべく持ち帰った。しかし、小沢以外の役員全員の反対にあい、構想は挫折。その後、小沢は責任をとって代表の辞意を表明したが、民主党執行部の説得により、辞意を撤回するという異例の事態となった。

新聞記者が当事者になってはいけない

読売新聞の社説は、それ以前から両党による連立を呼びかけていました。新聞社が、社説で呼びかけをするのは、それが何であれ、言論機関として当然のことでしょう。しかし、会長自らが政界の仕掛け人を演じるのでは、新聞記者としてのモラルが問われます。新聞記者は、言論で勝負すべきであって、自らが当事者になってはいけないのです。

渡辺会長が仕掛け人だったことを、各新聞は報じました。しかし、読売新聞だけは、沈黙を守りました。

新聞は、その時々に何があったかを報じることで、その出来事を記録に残します。いわば、現代史を刻む仕事だと思うのです。読売新聞は、トップが当事者になってしまったことで、その責務を果たせなくなってしまったのです。情けないことだと私は思います。

朝日新聞や毎日新聞は、渡辺会長のモラルと読売新聞の態度を批判する社説を掲載しました。読売新聞は、それも黙殺しているのです。

また、他紙は、渡辺会長の介在を報じながらも、社説でこれを批判するという態度をとっていません。新聞業界のドンである渡辺会長に遠慮しているのではないか。私にはそう見えてしまいます。これもまた、情けないことなのです。

宅配維持に経費がかかる

宅配維持は大変

日本の新聞は、宅配制度に支えられているという話を前に書きました。宅配制度があるからこそ、日本には巨大な部数の新聞社が何社も存在できるのですが、この制度の維持には莫大な費用がかかります。

新聞を配達する新聞販売店は、新聞社の関連会社というわけではありません。独立採算制の別の会社が経営しているのです。

新聞販売店には、特定の新聞だけを専門に配る専売店と、複数の新聞を一緒に配る合配店があります。地方に行くと、地方紙と全国紙を一緒に配達している販売店が多くなります。とりわけ日本経済新聞の場合、専売店はほとんどなく、他の全国紙や地方紙の販売店に一緒に配達してもらうケースが多くなっています。

新聞の朝刊は未明に販売店に届きます。それを配達地域別に分け、配達員が一軒一軒配って回ります。まことに労働集約的な作業です。労働はきついので、それなりの給料を出さなければならず、人件費もかさみます。販売店の経営はむずかしくなっているのです。

折り込み広告で一息つく

それでも販売店が経営面で一息つけるのが、折り込み広告です。配達する新聞の間に入っている折り込み広告は、販売店が、新聞一部につきいくら、という手数料をとって配っているのです。

ところが最近、地域によっては、この折り込み広告が減少傾向にあります。広告を満載したフリーペーパーが発行されるようになったためです。

これまで折り込み広告を出していた会社やスーパー、飲食店などが、フリーペーパーに広告を出し、折り込み広告をやめるケースが出ているのです。

こうなると、販売店はますます苦しくなります。新聞以外のものも配達します、という地域密着型のビジネスモデルの模索が始まっているのです。

「紙」からネットへ

「ANY」の試み

二〇〇八年二月から、業界ではANYと呼ばれている事業がスタートしました。朝日、日経、読売の頭文字のアルファベットを並べてANYと呼びます。

この三紙が、「インターネット上での共同ニュースサイトの運営や、新聞販売事業における業務提携、災害時の新聞制作の相互援助などを進めていくことで合意した」という発表があったのは、二〇〇七年一〇月のことでした。しかし、この発表には、首を傾げた人も多かったようです。

合意は三本の柱から成り立っています。このうち、後半の二本に関しては、意味がわかります。読売や朝日の読者が少ない過疎地で共同配達に踏み切るというのは、コスト削減から意味のあることでしょう。

また、災害時の共同援助も趣旨はよく理解できます。地方紙では、こうした提携をしているところが既に存在します。最近でも、神戸新聞がコンピューターのトラブルから紙面制作ができなくなり、提携先の京都新聞の援助を受けました。神戸新聞は、阪神大震災の際も一時編集ができなくなり、京都新聞の助けを受けています。

今後、巨大災害が発生した際、新聞の編集や発行ができなくなる事態は十分予想されます。災害時こそ、正確な情報が求められます。新聞社同士が助け合って発行を続けることは、とても意義のあることだと思います。

ネット共同サイトの意味は?

しかし、よくわからないのは最初の項目です。「インターネット上での共同ニュースサイトの運営」には、どんな意味があるのでしょうか。

発表時の読売新聞の記事には、「共同ニュースサイトを開設し、三社の紙面のトップ記事や社説などの主要記事の『読み比べ』ができるサービスや、三社の記事を共同で配信するための新たなツールの提供を検討していく」というのですが、どうも意味不明ですね。

この意味について、読売新聞の記事は、三社の社長の発言を、次のように伝えています。

「ネットメディアにおける新聞社の影響力を高めていきたい」(杉田社長)、「ライバルとして競い合っていくための土台作り」（秋山社長）、「インターネットを活用し、ペーパーの新聞を断固維持していく」（内山社長）。

これまでも、三社は独自のウェブサイトをインターネット上に持っていました。他社のネットの記事を読みたければ、各社のウェブサイトを見ればいいだけのことです。それを、三社の共同サイトを作るということは、屋上屋を架すことにならないのでしょうか。そもそもネットの利用者の中に、「社説を読み比べ」る気になる人がどれだけいるものなのでしょうか。

「紙面のトップ記事」といいますが、現在、各紙のウェブサイトは、随時更新され、「トップ記事」も頻繁に差し替わっています。紙媒体でいうところの「トップ記事」と、ネット上の「トップ記事」は、全く別のものなのです。もし紙媒体のトップ記事をネット上でも一日掲載し続けたら、ネット読者には、「内容更新が遅い時代遅れの媒体」と受け取られかねません。

そうかといって、内容更新が遅いと言われないように、頻繁にトップ記事を差し替える社があると、三社での読み比べに意味がなくなります。

「高品質の記事を期待できる」？

読売新聞には解説記事があり、共同ニュースサイトは、「三社の記者が衆目の中で記事の質を競い合う、戦いの舞台となる」「この結果、三紙の読者は、より高品質の記事を期待できるようになる」と記しています。正直なところ、これには失笑してしまいました。「衆目の中で記事の質を競い合う」というのは、既に昔から実現していることだからです。各紙の記者は、「他社に負けるものか」を歯を食いしばりながら戦ってきました。「何をいまさら」という思いがあるはずです。

ヤフーやMSNに対抗？

ANYに参加する新聞社の発表文を読んでも理解不能なので、自分なりの理解を記してみましょう。要するに、ヤフーやMSNに対抗し、ネット上での広告獲得を目指そうということなのでしょう。

インターネットの利用者には、ネットに接続して最初に画面に登場するウェブサイトを、ヤフーやMSN、グーグルに設定している人が多いはずです。ヤフーのニュース項目をクリックすれば、各紙のウェブサイトに飛ぶことができます。ヤフーは、こ

Yahoo!、MSN、Google

インターネットにアクセスするための様々なコンテンツ（目次）をもつ、ポータルサイト（ポータルはPORT＝港から派生した言葉で、巨大なサイトの意）の名称。

Yahoo!（ヤフー）は、米国のインターネット関連サービスを行う企業。一九九四年、スタンフォード大学のデビッド・ファイロとジェリー・ヤン

れでページビュー（ＰＶ）を増やし、それが広告収入の増大につながっています。

三社共同サイトも、「このウェブサイトに接続すれば、三社の記事を一覧できる」と考える人たちが、まずはこのページを訪問してくれるのではないか。それによってＰＶを稼げば、このページで広告収入を獲得できるのではないか。このページから、さらに自社のページに飛んでくれれば、ここでもＰＶが増大し、本紙独自のウェブでも広告収入を増大させることが可能になるのではないか。ということを考えているのでしょうか。

しかし、グーグルニュースにアクセスすれば、グーグルの検索ソフトが勝手に検索してニュース項目ごとに整理されたウェブを見ることができます。網羅する新聞の数は、大手三社だけでありません。三紙が共同サイトを開設しても、グーグルニュースには、かないそうもありません。

新聞とネットの関係は？

こうして見ると、「インターネットを活用し、ペーパーの新聞を断固維持していく」（内山社長）という意味が、やはりわからないのです。従来の傾向では、インタ

の2人によって設立された。検索エンジン（ネット上の用語検索を行うシステム）をはじめとしたポータルサイトの運営が中心事業。

ＭＳＮ（Ｍｉｃｒｏｓｏｆｔ Network＝マイクロソフトネットワーク）は、マイクロソフト社が運営するポータルサイト。一九九五年、Windows95の発売とともにサービスを開始した。

Ｇｏｏｇｌｅ（グーグル）は、米国のソフトウエア会社の運営するインターネット上での検索エンジン。一九九八年設立。「人類が使うすべての情報を集めて整理する」という壮大な目的をかかげ、独自開発したプログラムで世界中から情報を集め、検索用の索引を作り続けている。検索エンジンとしては世界で最も人気があり、日本ではYahoo!に次いで第二位。

ーネットに力を傾注すればするほど、読者は「ニュースは新聞ではなくネットで読めばいい」という傾向になり、読者の新聞離れが加速してきたからです。

にもかかわらず、「ペーパーの新聞を断固維持していく」という決意は、意気たるや壮ですが、そのための具体的なプロセスが見えてきません。新聞とネットの関係が見えてこないのです。

要するに勝ち組三社が仲良しグループを結成した、というレベルにすぎないのかもしれません。とりあえずは、お手並み拝見といったところでしょうか。

ネットのビジネスモデルが見えない

新聞社が悩んでいるのは、紙とネットとの関係です。インターネットが普及し始めた頃、新聞各社は、自社のホームページで記事を無料で公開しました。どの社もネットで記事を公開するので、その対抗のためでしたが、いずれは有料化できると見積もっていました。

ところが、「インターネットは無料で読める」という常識が確立してしまい、記事をインターネットで有料購読するというビジネスモデルが実現しませんでした。

アメリカの経済紙「ウォールストリート・ジャーナル」や、イギリスの経済紙「フィナンシャル・タイムズ」は、ホームページでは記事の一部だけを公開し、もっと詳しく読みたければ有料購読会員になれ、というビジネスモデルを確立できました。

しかし、これも経済情報を専門に扱う新聞だからでしょう。同じアメリカでも、一般紙の「ニューヨーク・タイムズ」は、当日の記事はホームページで読めるが、過去の記事は有料というシステムを築きましたが、有料会員は増えず、結局すべて無料にしてしまいました。

ネットで記事を公開する場合、ホームページには広告が掲載されています。新聞社にはこの広告料が収入として入るのですが、しょせん金額は知れたもの。紙媒体の売れ行きの落ち込みを埋めるだけの金額にはなっていません。

他社との競争を考えると、ネットでの記事公開は無料にするしかないが、それでは収入に結びつかない。一方、読者は、「記事はネットで読めばいい」と紙を購読するのをやめていく。

こんなジレンマに直面しているのです。

「NIE」（教育に新聞を）運動

若者の新聞離れを何とか食い止めたい。そこで新聞各社が始めたのが、「NIE」(News In Education)、「教育に新聞を」という運動です。小学校や中学校の社会科や総合学習の時間を利用して、新聞記事を授業の教材に使ってもらおうというものです。

新聞記事には、社会科の授業に使える素材がいっぱいあります。それを有効に利用してもらおうというわけです。もちろん、子どもたちに新聞を読んでもらうことで、将来の読者を獲得しようという狙いがあります。

学校の先生たちにしても、総合学習でどんな授業をするか頭を痛めている人が多いので、新聞記事を利用するという手法は、大いに歓迎されています。

ところが、東京都内のある公立小学校で、先生が児童に、「家で取っている新聞を読んで、気になる記事を紹介してください」という宿題を出したところ、複数の家庭から抗議が来たというのです。「家で新聞を取れ、というのか」というものでした。

つまり、それらの家庭では新聞を取っていなかったのですね。学校の教材で使うなら新聞を取ってやろうという発想にはならず、新聞を読めと言った先生に抗議するという行動に出たというのです。

こうして、家で新聞を読んだことのない子どもたちが成長していくのです。新聞の未来には、なかなかつらいものがあります。

第三章　広告代理店とＰＲ会社

広告代理店とＰＲ会社

広告代理店とＰＲ会社は異なる

メディアとのつき合い方を知る上では、メディアの裏側で活躍する会社のことも知っておく必要があるでしょう。それが、広告代理店とＰＲ会社です。

広告代理店とＰＲ会社という名称だと、よく似ているだけに混同されることが多いのですが、実は異なるものなのです。これをテレビ番組を例に説明しましょう。

テレビ番組の合間に入るコマーシャルを扱っているのが広告代理店です。テレビでコマーシャルを流したいという企業とテレビ局の間に立って、どの時間にどのくらいの回数のコマーシャルを放送するかを決めます。

放送局の営業担当者と、コマーシャル枠の設定を決めると、その枠を各企業に販売します。また、制作部門も持ち、コマーシャルも制作します。日本では電通や博報堂などが有名ですね。新聞や雑誌の広告も、こうした広告代理店が仕切っています。

これに対してＰＲ会社は、テレビ番組で商品や企業を取り上げてもらおうと売り込む仕事をしています。コマーシャルではなく、本編で取り上げられるように、マスコミ各社に働きかけるのです。新聞や雑誌にも働きかけています。

新聞の下の広告欄は広告代理店の担当、上の本文記事はＰＲ会社の担当というわけです。

読者の信用を利用する

テレビのコマーシャルや新聞の広告欄に出ている商品は、視聴者や読者が、「ああ、広告だな」と初めから斜めの姿勢で受け止めますね。

これに対して、テレビ番組や新聞の一般記事で、「いまこんな商品が大人気」と取り上げられれば、「それなら自分も買ってみようか」という気になりますね。

「第三者の記者が書いた記事だから、客観的で信用が置けるだろう」と読者が考えてくれるのですね。番組や記事に対する視聴者や読者の信用を利用しているのです。

私も放送局にいましたから、こうしたＰＲ会社の手口はよくわかります。さまざまな情報が郵便物やファックスで放送局に送られてきます。直接番組宛に、担当者が訪ねて来て売り込みをすることもしばしばあります。

売り込みを受ける側も、実は「どうせ売り込みだろ」などと斜に構えていることが多いのですが、うまく話題づくりになる内容だと、取り上げようという気にもなります。ＰＲ会社の腕次第、という部分が大きいのです。

ＰＲ会社は、新聞記事を書いている記者の名前にも注目しています。最近は記事を書いた記者の名前が末尾に掲載されるようになりましたね。そこでＰＲ会社は、どの記者がどんなジャンルの記事を書いているか、データベースを作成しています。売り込みたい商品のジャンルを担当している記者に、ご指名で情報を売り込むのです。

ＰＲ会社としては、電通パブリックリレーションズ、共同ピーアール、プラップジャパンなどが大手です。

「タマちゃん騒動」も仕掛けだった

「タマちゃん」に仕掛け人がいた

ＰＲ会社は、思いもよらない場面に関与していることもあります。たとえば、「タマちゃんブーム」です。

二〇〇二年、多摩川にアザラシが迷い込み、「タマちゃん」と呼ばれて人気が出ましたね。これに目をつけたＰＲ会社は、国土交通省の京浜工事事務所（現・京浜河川事務所）の「親水事業」（一般の人に水に親しんでもらう活動）のＰＲ活動に起用することを考えました。

役所のホームページに「タマちゃん」情報のコーナーを開設し、どこに出没したか最新情報を提供しました。

その結果、このホームページには多くの人が訪れるようになり、役所の認知度が高まりました。「親水事業」という言葉も知られるようになったのです。

タマちゃんを取り上げるマスコミは、当然のことながら多摩川の汚れを話題にするようになります。汚れというよりは、「多摩川が昔に比べてきれいになったからこそ、タマちゃんも来るようになった」というトーンで取り上げてもらえるようになりました。

タマちゃんブームのとき、まさか背後にこんな動きがあっただなんて、知らない人が多いですよね。PR会社の存在が知られることなくブームになる。これぞPR会社の戦略が成功したことなのです。

商品そのものの売り込みでない場合も

PR会社の売り込みは、商品そのものとは限りません。たとえば、「歯の健康」にいいとブームになったキシリトール。これは、菓子会社がガムの宣伝をしたばかりではなく、そもそもの仕掛け人がいたのです。

キシリトールは、世界のシェアの九〇%をフィンランドのメーカーが占めています。このメーカーの依頼を受けた日本のPR会社が、効能をPRしました。キシリトールを活用した予防歯科セミナーなどを開催し、歯科医や歯科衛生士に効用を知ってもらうことから始めました。

その結果、キシリトールのブームが起き、キシリトールが含まれたガムなどがよく売れ、原料のキシリトールも売れたというわけです。

商品が突然ブームになったり、人気者が登場したりする背後には、実はＰＲ会社が存在しているのかもしれないのです。

「今年の漢字」も仕掛け人が

最近すっかり暮れの風物詩になったのが、「今年の漢字」。その一年の世相を一文字で表現する漢字を一般募集して、選ばれた文字を清水寺で住職に筆で書いてもらうというイベントです。

今年を振り返る季節に、清水寺で漢字を書けば、まさに「絵になる」というわけです。

これ実は、日本漢字能力検定協会の幹部の、「漢字が嫌われている。もっと好きになってほしい」の一言から、ＰＲ会社が仕掛けたものだったのです。

選挙キャンペーンも

ＰＲ会社は選挙でも暗躍、ではなかった、活躍します。

党首を前面に出したＣＭやポスターなどの企画制作から、どのような政策やスローガンを打ち出せば効果的か、検討する会議にはＰＲ会社も参画します。

選挙が始まると、要所要所で世論調査を実施。その結果を分析し、スローガンの効果があるか、キャンペーンの方針を変更した方がいいか、なども決めていくのです。

政党も政治家も政策も、「商品」になっているのです。

企業の不祥事会見指南まで

トップの記者会見が決め手になる

ＰＲ会社の知られざる役割のもう一つは、「危機管理対策」です。

欠陥商品や偽装問題など、このところ企業の不祥事が相次いでいます。不祥事が発覚すると、企業のトップが記者会見に臨みます。このとき、不用意な記者会見で事態を深刻にしてしまう会社もあれば、事後処理をきちんとしたことで、かえって消費者の信頼を深めた企業もあります。

二〇〇〇年に発生した雪印乳業の集団食中毒事件。記者会見が終わった後も追及する記者たちに怒った社長は、思わず「私は寝ていないんだ」と口走りました。これが、会社にどれだけのダメージを与えたことか。食中毒を起こしたことよりも、その後の対応の悪さが、会社には打撃だったのです。

二〇〇二年に発覚した日本ハムによる不祥事の際、社長が涙のお詫び会見をしたものの、涙を拭う社長の袖口から高級腕時計が見え、その瞬間を撮影した写真が掲載されて、「数百万円の涙」という趣旨の記事が出たこともあります。まったく油断も何

雪印乳業集団食中毒事件
二〇〇〇年六～七月にかけて、近畿地方で発生した雪印乳業の低脂肪乳による食中毒事件。大阪工場で生産された低脂肪乳の原料（脱脂粉乳）を生産していた北海道の工場で停電がおこり、病原性黄色ブドウ球菌が増殖して毒素が発生したことも原因と推定されたが、同時に原材料再利用の際の不衛生な取り扱いも発覚。認定者数一三四二〇人という戦後最悪の集団食中毒事件となった。翌年には、グループ子会社が国外産牛肉の表示を国内産と偽っていたことが発覚、雪印グループは解体、再編を余儀なくされた。

もあったものではないのですが、これがマスコミなのですね。

二〇〇六年に東横インが身障者用の客室を撤去していたことが発覚すると、記者会見で社長が「スピード違反をしたようなもの」という開き直りのコメントをして、非難の嵐を浴びたという例もあります。

マスコミ対応の失敗としては、その他にも、次のようなものがあります。

事故が発生したのに、なかなか記者会見を開かない。情報を十分に開示しない。あるいは、小出しにする。記者会見を短時間しか開かない。記者からの質問を受け付けない。横柄な態度をとる。メモを読み上げるだけの形式的な記者会見だった。被害者が出ているのに、記者会見の社長の服装が派手だった。

自分が記者や被害者、視聴者の立場になったと考えれば、容易にわかることばかりなのに、実際にはできていないことが多いのですね。

記者会見のトレーニングも

そこでPR会社は、企業のトップを対象に、「お詫び記者会見」の訓練セミナーも実施しています。

日本ハムによる不祥事
二〇〇二年、日本ハムの子会社が、輸入牛肉を国産と偽って不正に補助金を得ていた事実が発覚したもの。不正の原因となったのは、二〇〇一年より、BSE（いわゆる狂牛病）対策として行われた国産牛肉買い取り事業。これを悪用した食肉卸業者が、国産牛肉に対する補助金を詐取するという事件に発展した。

東横イン不法改造問題
東横インは、日本最大手のビジネスホテルチェーン（東急グループとは関係なし）。二〇〇六年一月、横浜日本大通り駅日銀前店において、建築確認申請の確認検査が終わった後で勝手に改造し、身障者用の客室や施設を撤去していたことが発覚。記者会見で西田憲正社長が「障害者用客室をつくっても、年に一人か二人しか泊まりに来なくて、結局、倉庫みたいになっているとか、ロッカー室になっているのが現実」「（違法改造は）制限速度六〇キロのところを六

ＰＲ会社の中に模擬記者会見場が設置され、ＰＲ会社の社員が記者に扮して、会社のトップを追及します。若い「記者」の鋭い追及に、社長は思わずタジタジです。

この様子はビデオに収録され、後でビデオを見ながら、専門家のアドバイスを受けるのです。記者の追及に、社長は思わず苦笑したり、意味もなく笑顔を浮かべたりしてしまいますが、「その映像がひとり歩きするから歯を見せるな」というアドバイスが飛ぶのです。

最近、企業のお詫び会見が洗練されてきたなあと思ったら、そこにＰＲ会社の存在があるのかもしれません。

五キロで走ったようなもの」と発言したことをさす。駅や百貨店、ホテルなど、不特定多数の人が出入りする公共の建築物は、高齢者や身障者など社会的弱者への対応（車椅子用のスロープやリフト、点字ブロックの設置など）が法律で義務付けられている。

戦争広告代理店も

ボスニア政府が仕掛けた

国家を顧客にして、国際的に活動するPR会社も目立っています。

旧ユーゴスラビアのボスニア・ヘルツェゴビナで独立をめぐって内戦が激化したときに、PR会社が裏で工作を展開しました。

ボスニア・ヘルツェゴビナでは、セルビアからの独立を目ざすボスニア政府とセルビア系住民の内戦が勃発。セルビア系住民をセルビア政府が支援しました。

このとき国際社会の支援が必要だと判断したボスニア政府は、アメリカのPR会社に対して協力を依頼しました。

この内戦では、実際にはボスニア系、セルビア系双方とも残虐な行為をしていたのですが、PR会社は、セルビア系住民の残虐行為を世界に発信します。

世界が嫌悪するキーワードを使った

ボスニア政府軍が捕虜になっている写真を、「セルビアによる強制収容所」という説明で公開しました。あるいは、「セルビア系民兵がやっていることは、ボスニア系住民を虐殺してセルビア人だけにする民族浄化だ」というキャンペーンを張ったのです。

ヨーロッパやアメリカにとって、「強制収容所」や「民族浄化」という言葉は、第二次世界大戦中のナチス・ドイツによるユダヤ人虐殺を思い起こさせます。

この言葉がひとり歩きするようになって、「セルビア悪者論」が国際社会に広がりました。セルビアのミロシェビッチ大統領が、この政策を推進しているとして国際的な悪者に仕立て上げられ、ボスニアは独立を果たしました。

アメリカ国旗を用意した

一九九一年に起きた湾岸戦争。クウェートに侵攻したイラク軍を、米軍を主体とする多国籍軍が攻撃し、イラク軍をクウェートから追い出しました。

解放されたクウェートに報道陣が足を踏み入れると、そこにはアメリカ国旗を打ち振るクウェート国民の姿がありました。

この映像を見た人たちは、「クウェート国民がアメリカ軍を大歓迎している」と受け止めました。

実は、イラク軍が逃げた後、報道陣をいったん足止めした上で、アメリカ政府から依頼を受けたPR会社が、クウェート国民にアメリカ国旗を配っておいたのです。国際社会で、国際世論を味方につけるため、PR会社が活動するようになっているのです。私たちに見えない所で、もうひとつの「戦争」が戦われているのですね。

話題のウラを読もう

こうやって見てきますと、私たちが何気なく見ているニュースや話題の裏側に、思いもかけない仕掛けが潜んでいることがわかります。

何も考えないで見ていると、仕掛け人の思うツボになってしまうのです。

新しい流行が起きたとき、そこにはＰＲ会社の仕掛けがあるはずです。

国際社会で、一方的に悪者にされる人物や国家があるとき、確かにそういう人物や国家も存在しているのですが、それだけではない場合もあるということ。そういうことに思いをいたしたいものです。

ニュースや話題のウラを読む。その力をつけましょう。

第四章　インターネットとのつき合い方

正しい情報はどこに

探し物はネットで

私たちは、何か調べごとがあると、まずはインターネットで検索する、ということが習慣になってきました。昔は百科事典や辞書を引いたでしょうに、いまやすべてネット検索です。

そのためでしょうか、毎年暮れになると出版されていた集英社の『イミダス』は、分厚い本編が姿を消してしまいました。ガイドブック的な薄い本だけになり、後はネットで読んでください、ということになりました。

朝日新聞社が出していた『知恵蔵』もお蔵入りしました。

ネットで検索するのはいいのですが、そこにあるのは、まさに玉石混淆の情報なのです。

玉石混淆のネット情報

私がよく例に出すのは、女優の「だん　ふみ」さんです。「だん」は、どんな漢字

『イミダス』『知恵蔵』
　現代用語事典の名称。『イミダス』は一九八六年、『知恵蔵』は一九八九年創刊。ともに『現代用語の基礎知識』（一九四八年創刊　自由国民社）を意識してつくられたもの。現代人として必要だと考えられる用語にマスコミなどで使われる新語を加えて編集されており、年鑑の性格をあわせもつ。年末になると分厚い各誌が店頭に並んでいたが、本として残ったのは『現代用語…』だけとなった（二〇〇七年一二月現在）。

なのか。インターネットの検索サイト「グーグル」で、「壇ふみ」で検索すると、四万一五〇〇件もの情報が出てきました。

これだけ見ると、「壇ふみ」でいいと思いますね。しかし、「檀ふみ」で検索しますと、九万八八〇〇件もの情報があったのです（二〇〇七年九月時点）。

もちろん正しくは「檀ふみ」です。多くの人が正しい漢字を知らないで情報を書き込んでいるのですね。

「衆知を集める」ウィキペディア

最近はインターネット上の百科事典「ウィキペディア」が注目されています。これは、さまざまな項目について、誰でも自由に書き込める仕組みになっているものです。

その項目数は、世界で七〇〇万語、日本語だけでも四〇万語に達します。

誰もが自由に書き込めると、間違った情報や悪意に満ちた情報が書き込まれるのではないか。そんな心配もあるのですが、不特定多数が自由に書き込むと、間違った情報は訂正されていくので、やがて正しい情報に集約されていく、という考え方で成り立っています。「三人寄れば文殊の知恵」をインターネットの上で実現しようという発想です。まさに「衆知を集める」というわけです。

しかし、特殊なテーマの項目だと、多くの人が見ることがないため、一度間違った情報が書き込まれると、その情報がそのまま残っている、という例があります。それを知らずに、その情報を使うことで、間違った情報が広がるという問題点もあるのです。

アメリカの大学のレポート試験で、学生の多くが同じ間違いをしたため、出典を調べたところ、ウィキペディアの解説が間違っていたことがわかった、という例もあります。学生たちが、みんなウィキペディアの解説を書き移していたのです。

このため、論文やリポートにウィキペディアを使わないように学生を指導する大学教授もいます。

しかし問題なのは、そこに記述されていることをそのまま信じてしまい、疑わない姿勢です。

大学で論文を書く場合、インターネットがない時代は、さまざまな文献を読むことから始まりました。そのとき私が指導されたのは、「テキスト・クリティーク」という考え方でした。テキストつまり参考文献に書いてあっても、それが本当のことかどうかはわからない。クリティークつまり批判的検討が必要だ、ということでした。そもそも本当だろうか、と疑ってかかるところから資料集めは始まるのです。インターネット上での検索でも、その基本的精神は同じなのです。

筆者が特定されるソフトも

ウィキペディアは誰でも自由に書き込めますが、その際、インターネットに接続する端末に「ＩＰアドレス」という固有の住所のようなものが割り当てられます。これを利用して、ウィキペディアのどの記述を、いつ、どの端末で書き変えられたかを解読するソフトが開発されました。

これを使ったところ、テレビゲームやアダルトソフトについて、官庁のコンピューターから執務時間中に書き込んでいた事実が次々に発覚しました。

社会保険庁の年金データが消えてしまった問題を追及していた民主党の長妻議員の悪口が、社会保険庁のコンピューターから書き込まれていたことまでわかってしまったのです。何をしているのか、ということですね。

「匿名」の落とし穴

何気ないブログの表現でプライバシーが

ブログを書く若者が増えています。自分の日記をネットで公開している人もいます。これが、思わぬ落とし穴を持っています。

電車でキセルをしたり、盗みをしたりしたことをあっけらかんと書く学生がいるのです。読んだ人が身元を突き止め、大学に通報。大学で処分された学生がいます。

就職内定先まで書き込んでいた学生は、内定先企業が問題にして、内定取り消しとなりました。自分の日記をブログに書くということは、ターミナル駅の巨大な看板に自分の日記を公開するようなものだという認識が欠けているのですね。まあ、こんな学生の内定を取り消すことができて、企業は胸をなでおろしたでしょうが。

一人暮らしの女性が、身辺雑記を書いているブログも危ないですね。周辺の写真なども掲載していると、ブログの記述から、最寄り駅やアパートなどが特定できることがあります。「私は一人暮らしの若い女性ですよ」と世間に宣伝しているようなものです。こういうブログばかりを見ている男性がいることに注意しましょう。

ブログ（Blog）
もともとは、英語圏のウェブ上で、自分が気になったニュースやサイトなどのURL（アドレス）をコメント付きで紹介したこととされている。「ウェブページ（Web）を記録（log）する」という意味で「ウェブログ（Weblog）」と名付けられたものが、省略されて「ブログ（Blog）」となった。現在は、個人的な体験や日記など、時系列で比較的頻繁に記録される情報についてのウェブサイトを総称してブログといっている。

自分のことは注意深く書いていても、友人のことは気軽に書き、友人のプライバシーを世間に公開する結果になっていることもあります。

「炎ジョイ」の挫折

ブログに書いた内容によって、「祭り」や「炎上」という事態も多発するようになりました。

ブログに書いた内容に怒った人たちが、ブログの筆者を糾弾・非難するメールを集中的に送りつけるのです。これが「祭り」です。まるでお祭りのように、糾弾集会を楽しむというわけです。

また、メールが殺到して、このブログを扱っているサーバー（コンピューターのこと）がマヒしてしまうのが、「炎上」です。

もちろん問題のある内容を書いた本人の責任はあるにせよ、みんなで寄ってたかってツブしてしまおうという、いじめの構造が見えてしまいます。

こうしたことを防ごうと、「炎上ジョイ」というホームページが二〇〇七年一一月に開設されました。

炎上したブログの内容について語り合うサイトを開設することで、炎上したブログに抗議メールが殺到しないようにしようという趣旨でした。

ところが、このホームページを見て、いまどのブログが炎上中かを確認し、その炎上の祭りに参加する人が続出してしまったため、この試みは中止になりました。ネット社会の悪意の蔓延には驚かされます。

「学校裏サイト」が増殖

学校関係者を悩ませているのが、「学校裏サイト」の増加です。

学校は独自のホームページを持つようになっていますが、これを「表」とすると、学校非公認のホームページが裏サイトです。

当初は、学校の仲間たちが自由に情報を交換しようという善意で始まったものが多いのですが、そのうちに匿名の非難や悪口が書き込まれるようになり、公開の集団いじめの場と化すという事態も発生するようになりました。

ところが、学校側は、この存在になかなか気づかないのですね。このため、いじめの対象になった児童・生徒の救済が手遅れになる場合もあります。

匿名になると、人間は無責任になったり、意地が悪くなったりするものだという現実には暗い気持ちになりますが、子どもたちには、それがいかに卑怯な行為であるか、もし自分が公開いじめの対象になったらどんな思いがするか、ということを教えていく必要があります。

と同時に、学校側では、常に検索したり、児童生徒から聞き出したりして、こうした裏サイトの存在を探し出すことが必要なのです。

メディア・リテラシーは、従来、テレビや新聞、雑誌といったマスメディアとどうつき合うか、というのが主なテーマでしたが、いまやネットとのつき合い方こそ、まず第一に身につけなければならない力になってきています。

第二部　メディアのウラバナシ

第一章

だまされないためのメディア・リテラシー

納豆偽装の裏側は

私たちは、「テレビでこう言っていたんだけど」、「新聞で読んだんだけど」という会話をよくしていますね。テレビや新聞の影響力の強さを感じますが、そこで伝えられている情報は、果たしてどこまで信じるに値するものでしょうか。それを強く感じたのは、関西テレビの人気番組「あるある大事典」の騒ぎでした。

納豆のダイエット効果を取り上げたところ、全国で納豆が売り切れるほどのブームになったものの、実は番組の内容がまったくのウソだったことが判明した事件です。

この番組を制作していた関西テレビはフジテレビ系列ですから、関東地方ではフジテレビで放送されていました。東京の放送局ではなく、関西のテレビ局が独自に制作した番組が全国放送されることは、他のネットワーク局でもあることです。

関西テレビの場合、関西地方だけで放送されるローカル番組と、フジテレビ系列で全国に放送される番組があります。全国放送の番組にはとりわけ力を入れることになりますね。「あるある大事典」は視聴率も高い人気番組でしたから、「面白い番組を作れ」というプレッシャーは強かったと思います。

民放局の場合、テレビ局本体だけで制作している番組というのは、ほとんどありません。別の制作プロダクションに下請けに出しているのです。私もいろいろな民放の番組に出演していますが、スタッフと名刺交換すると、実にさまざまな会社から派遣されてきていることがわかります。名刺に番組の名前が大きく印刷されているのですが、下に小さく所属プロダクションの名前が入っています。

下請けは弱い立場に置かれています。放送局の正社員である番組のプロデューサーから、「こういう企画を作ってほしい」と、番組のねらいを指示されたら、下請け制作プロダクションとしては、なんとしても指示通りの番組を作ろうとします。「やってみたがダメでした」なんてことになると、制作能力が低いということになって、次からは仕事の注文が来なくなるかもしれませんから。

ねらい通りの番組を作ろうとしてうまくいかないと、事実の方をねじ曲げて、ねらい通りの番組に仕立て上げてしまうという誘惑に駆られることもあるというわけです。

今回の事件をきっかけに、管理体制の見直しが進められましたが、本当の問題は、下請けという制作システムにあるのだろうと思います。弱い立場のスタッフに制作を指示するという構造がある限り、今後も同様のことは起きかねないのです。

それにしても、最近の「健康食品」ブームは大変なものですね。「健康にいい食べ物」を紹介する番組は、軒並み高視聴率を獲得します。そうなると、放送局としては、こういう題材を扱いたくなります。

かつて、「ココアは健康にいい」という番組が放送されたとたん、全国のスーパーの店頭からココアが姿を消したことがありました。しかし、いくら「健康にいい」といっても、どんな食品であれ、そればかり食べたら栄養のバランスが崩れるのは明らか。かえって健康に悪いのです。そんな当たり前の判断力を持ち続けたいものです。

新聞を読み比べてみると

私はいつも新聞を複数読み比べるようにしています。「新聞なんか、どれも同じ」と思っている人もいるようですが、どうして、どうして、新聞はずいぶん内容が違うのです。ひとつの新聞だけを読んでいたのでは、違う認識を持ってしまうことがあるのです。

たとえばアフガニスタン情勢についての新聞報道の違いです。

アフガニスタンといえば、二〇〇一年九月の同時多発テロ事件を起こしたオサマ・ビンラディンをかくまっているとして、アメリカ軍が攻撃した国ですね。

ビンラディンをかくまっていたタリバン政権は、アメリカ軍の攻撃で崩壊。その後には、アメリカやヨーロッパ各国に支援されたカルザイ大統領が就任して、新しい国造りに取り組んでいます。国造りを応援するため、アメリカやヨーロッパの軍隊が多国籍軍として治安維持のために駐留しています。

ところが、いったんは政権の地位から追われたタリバンですが、その後、地方の山岳地帯に逃れ、復権の機会をうかがっています。タリバンと多国籍軍との間で戦闘も起きています。それについての記事です。

朝日新聞は、二〇〇六年五月二十日の紙面で、「タリバーン組織的攻勢」という見出しの記事を掲載しています。一般のマスコミは「タリバン」と呼ぶのですが、朝日新聞だけは、「タリバーン」という表記を使っています。新聞によって表記が違うということは、このように複数の新聞を読み比べることで、初めてわかります。

私たちがタリバンと呼ぶ組織について、現地では確かに「タリバーン」と発音しています。現地の発音に忠実であろうとすれば、「タリバーン」のほうが好ましいということになります。

しかし、その方針を徹底させるなら、「イスラム」は「イスラーム」としなければなりませんし、パレスチナ自治区で強い勢力を維持している「ハマス」は「ハマース」と表記しなければなりません。一部だけ現地の発音に忠実にしても、ほかが異なっていたのでは、統一がとれません。

それはともかく、この記事は、「アフガニスタンで武装勢力が猛威をふるっている」という書き出しで始まり、記事の中程に、こんな描写があります。

「タリバーンは〇一年のアフガン戦争で政権は崩壊したが、残存勢力は隣国パキスタンとの国境地帯の山中に潜伏。『対米聖戦』の呼びかけに呼応した新メンバーも加え、力を蓄えてきた」と。いったんは崩壊したはずのタリバン（タリバーン）が、勢力を盛り返しているというのです。さあ、アフガニスタンの行方が心配です。

では、まったく同じ日の読売新聞の記事を読みましょう。こちらの見出しは、「タリバン掃討　戦闘激化」となっています。記事は、「例年、雪解けとともに戦闘は激化するが、多国籍軍が兵力を増強しているのとは対照的に、タリバンは先細り状態にあるといわれ」と書き始めています。

さらに、こう書いています。「今回の一連の戦闘で多くの死者を出したタリバン側は、大きな打撃を受けたといえる。（中略）新兵の『徴用』も難しくなってきているからだ」と。さあ、アフガニスタンでの戦闘激化は、タリバン勢力の末期的症状だそうです。これなら、アフガニスタンの内戦終結も近いことでしょう。

朝日新聞の読者は、「アフガニスタンは、まだまだ心配だなあ」と思い、読売新聞の読者は、「アフガニスタンの安定も近い」と思います。私が複数の新聞を読み比べているのは、こういうことがあるからなのです。

なお、二〇〇七年になって、タリバンの攻勢は一段と活発化し、アフガニスタンに展開している多国籍軍に大きな被害が出ています。二〇〇六年五月時点での見通しは、朝日新聞のほうに分があったと言えそうです。

新聞を読み続けたい

私は新聞が大好きです。小学生の頃から、新聞を読むのが日課でした。当時はいまほどページ数がなく、テレビのニュースはまったくなかったので、新聞だけがニュースを知る手段でした。

政治面や経済面はむずかしく、読むのは主に社会面や連載小説でしたが（もちろん連載マンガも）、記事を書く新聞記者の仕事に憧れました。

当時は、ＮＨＫで「事件記者」というドラマが放映されていました。警視庁の記者クラブを舞台に、新聞記者たちが、特ダネを抜いたり抜かれたりという、ペーソスあふれるドラマを食い入るように見ていたものです。

その後、私は放送局の記者になりました。テレビドラマで、新聞記者が警察より先に犯人にたどり着くシーンを見ていたときは、「そんなわけがない」と思っていたのですが、実際に記者になって事件を取材するようになると、警察官より先に犯人に出会うということを本当に体験することになりました。

記者の仕事は、なんと言っても特ダネを取ること。私も放送局の記者として、新聞

「事件記者」
一九五八―六六年まで放送されたＮＨＫドラマ。警視庁記者クラブを舞台に、激しい取材合戦を展開する記者たちの活躍ぶりを描いた。その人気は視聴率が四〇％を超える日もあるほどだった。

記者と特ダネ競争をするようになります。こうなると、それまで楽しみだった新聞の到着が恐怖に変わります。自分の担当分野で自分が知らないことが出ていれば、これは「抜かれた」ということになります。大急ぎで「追いかけ」なくてはなりません。この悔しさ。

反面、私だけがつかんだニュースをテレビで放送すると、新聞が「追いかけ」てきます。この快感。

朝五時頃、郵便受けに「ポトン」と入る音で目が覚め、外に取りに出る。おそるおそる新聞を開き、「抜かれて」いたときの衝撃。新しいことが出ていなかったときの安堵。こんなことを繰り返してきました。

そんな私も放送局を退職し、ようやく特ダネ競争から解放されました。怯えることなく、心安らかに新聞を広げる楽しみが戻ってきました。

放送局に勤務していたときは、会社に出れば新聞各紙を読むことができたのですが、フリーになるとそうはいきません。自宅で購読することになります。自宅で五紙を取ることにしました。さらに、駅の売店で二紙を買います。これで計七紙。インターネットで、海外の新聞のホームページもチェックします。韓国の新聞は三紙が日本語のホームページを制作していますので、これも欠かさず見ることになります。

ここまで大量の新聞を読み続けていると、もう異常ですね。新聞の置き場に苦労する毎日です。

先日、ある新聞記者に、「池上さんは、なんでニュースに詳しいんですか」と尋ねられました。「新聞を読んでいるからです」と答えたら、「一本とられました」と苦笑していましたが。

新聞記者は、それぞれの担当分野の取材に忙しく、担当分野の記事はよく読むものの、それ以外の分野は、意外に読まないんだそうです。

新聞好きな私がきがかりなこと。それは、若い人が新聞を読まなくなっていることです。新聞を読む習慣がないまま親になり、子どもも新聞を読まない。そんな悪循環が始まっているのです。

新聞には写真も掲載されていますが、中心は活字だけ。活字を読むことで、頭の中にイメージを結ぶ。そんな頭脳の作業を続けることで、想像力が養われるのだと私は思います。自分の想像力を枯渇させないためにも、これからも新聞を読み続けていくことにします。あなたも、ぜひ。

新聞が買収されるとき

二〇〇七年六月、アメリカの新聞界が大きく揺れました。「メディア王」という異名をとるルパート・マードックが、アメリカの経済紙「ウォールストリート・ジャーナル」の買収に名乗りを上げたからです。「ウォール・ストリート」といえば、アメリカ随一の経済専門紙。経済ニュースばかりでなく、政治問題についても優れた記事をしばしば掲載し、アメリカの政財界の人々の必読紙のひとつとなっています。

一方、ルパート・マードック氏は、もともとはオーストラリアの新聞経営者でした。父親から小さな地方紙の経営を引き継いだのですが、持ち前の優れた経営能力で、地方紙を次々に買収。高収益を上げる「ニューズ社」を設立したのです。

マードック氏は、経営が思わしくない伝統紙を買収しては、大胆なリストラを断行。従業員を入れ替えた上で、徹底的なスキャンダラス路線の新聞にして、部数を拡大させてきたのです。

オーストラリアで地歩を築くと、次はイギリスへ。大衆紙「ザ・サン」を買収してスキャンダラス路線で大成功。次には、イギリス随一の高級紙「ザ・タイムズ」も買収し、一面にカラー写真を掲載するという斬新な手法を導入しました。

続いてアメリカに進出。新聞社やテレビ局を次々に配下に収めていきます。アメリカの放送局の経営者はアメリカ国籍がなければならないというルールをクリアするため、生まれ故郷のオーストラリア国籍をあっさり放棄しました。

アメリカでは映画会社「二十世紀フォックス」を買収した後、二十四時間ニュース専門チャンネルの「FOXテレビ」を設立。二〇〇三年、アメリカがイラクを攻撃すると、FOXテレビは、徹底した愛国路線を貫きます。アメリカ軍を「わが軍」と呼び、アメリカ軍がイラクの首都バグダッドに進撃する際は、戦車の上から生中継するという離れ業をやってのけました。

これをきっかけに、それまでアメリカの二十四時間ニュースチャンネルといえばCNNの独壇場だったのに、視聴率でCNNを抜くまでになりました。

マードック氏の路線は、徹底した政権寄りです。アメリカでもイギリスでも政権を支持する立場の論調を徹底させる一方、中国国内に放送するテレビの場合は、中国政府の言い分通りの放送をするというものです。

このマードック氏が次のターゲットにしたのが、「ウォールストリート・ジャーナル」だったのです。

マードック氏は、インターネット事業にも参入しています。ネット事業の将来を考えると、金融情報が金になるのです。ネットで金融情報を提供することで、高収益を上げようという戦略です。その戦略上、「ウォールストリート・ジャーナル」の経済・金融情報が魅力的なのです。

しかし、このマードック氏の方針には、アメリカの新聞界や「ウォールストリート・ジャーナル」の従業員から反対の声が上がりました。もしマードック氏が経営権を握ったら、これまでの論調を放棄して、政権べったりの低俗路線を進むことになるのではないか、という危惧からです。

マードック氏の方針が明らかになった後、「ウォールストリート・ジャーナル」のライバル紙であるイギリスの「フィナンシャルタイムズ」が、「マードック氏にウォールストリート・ジャーナルを売り渡してはいけない」という、コラムニストの主張を掲載しました。

「ウォールストリート・ジャーナルがマードック氏のものになれば、品質が落ち、ライバルのフィナンシャルタイムズにとってはプラスになるという意見もある。しかし、新聞は、単なるビジネスではない。民主主義社会にあっては、言論の自由を行使する複数の新聞が存在して、質のいい情報を伝えることが必要なのだ」と。

民主主義社会というのは、十分な判断材料の情報を与えられた市民によって成り立ちます。その情報を伝える健全な複数のメディアが存在してこそ、民主主義が確保できるのだと私は思います。

容疑者の供述をどう聞きますか？

二〇〇六年六月、秋田県で男の子が殺された事件で逮捕された畠山鈴香容疑者の供述内容が、マスコミで次々に報道されました。

「なんで、あんなことをしたのか」

そう思いながら見たことと思います。それにしても、畠山容疑者の供述内容が、ずいぶん詳しく伝えられましたよね。これは、畠山容疑者の弁護士が記者会見して詳しく説明したからなのです。

このところ、弁護士が容疑者の発言を発表するケースが増えています。以前の事件報道といいますと、容疑者が逮捕された後は、取り調べで容疑者がどんなことを話しているか、報道陣は警察の発表を待つしかありませんでした。警察発表でも、どこまで詳しく話しているのか、はっきりしません。警察として隠していることもあるでしょうし、中には警察に都合の悪いことは黙っているかも知れません。

私たち記者は新人時代、「意見が対立する出来事については、必ず双方の話を聞け」と指導されました。ものごとは、さまざまな視点・観点から見ると、新しい事実

秋田連続児童殺害事件
二〇〇六年四月〜五月にかけて、秋田県藤里町の畠山彩香ちゃん（当時九歳）と二軒隣に住む米山豪憲くん（当時七歳）が、相次いで殺害された事件。六月、彩香ちゃんの母親である畠山鈴香容疑者を、豪憲くん殺害容疑で逮捕。七月、娘の彩香ちゃんを殺害したとして再逮捕した事件。秋田県警は当初、彩香ちゃんについて「事故とみられる」と発表し、初動捜査のあり方が批判された。

が浮かび上がってくる、とも教わったものです。

ところが、警察に逮捕された容疑者に関しては、直接本人から話を聞くことができないのですね。そこで、警察の発表を聞くことになるのですが、これでは片方の言い分しか聞けません。

記者は、警察の正式発表だけでは満足できず、捜査員の自宅にまで押しかけて、詳しい話を聞き出そうとしますが、捜査員としては、警察に都合の悪い話はしないでしょう。

その点、弁護士が記者会見して容疑者の話を知らせてくれると、警察以外の情報を得ることができるのです。「警察はこう発表していたけれど、実際にはそうではない」などということもわかるかもしれません。

記者にとって、「双方の話を聞け」という原則に立ち返ることができるチャンスなのです。

秋田の場合、弁護士は、記者たちが畠山容疑者の親族への取材をしないことを約束すれば記者会見する、という条件をつけました。現場の記者たちの間では、「条件つきの記者会見」については反発もあったようですが、結局は弁護士の要望を受ける形で会見が実現しました。

その結果、警察発表より先に、さまざまな内容が明らかになりました。容疑者の心の揺れを反映して、供述内容が揺れ動く様子も明らかになりました。「容疑者の供述内容が日々変わるじゃないか」と不信感を持たれた方もいるかも知れませんね。

でも、逮捕された容疑者が動揺して当初の発言内容に揺れが生じるのは当たり前のことなのです。普通は、警察がその揺れまで詳しく発表することがないだけのこと。いわば、「途中経過」まで含めて、私たちは知ることになったのです。

これまで私たちは、警察の発表を聞いて、「ふーん、そうなんだ」と納得していました。しかし、警察の発表は、警察の都合のいいように脚色されていたり、警察の論理で無理やり統一されていたりするものが多いのです。警察を通さずに、容疑者の言い分を聞く。このとき私たちは、まさに「自分の頭で判断する」ことが求められるのです。

ケータイで大混乱が

何かあると、すぐに携帯電話を取り出して写真を撮る。ごく普通の光景になりましたね。最近は動画も鮮明に長時間撮影できるようになったものですから、たまたま事件現場に居合わせた人が携帯で撮影した動画が、テレビのニュースで放映されることもあります。こうなると、携帯電話は電話の機能だけではないので、「ケータイ」と表記されることもあります。

このケータイの動画が、中東を揺るがす事態が起きました。イラクのフセイン元大統領の死刑執行の様子が、ケータイの動画で撮影され、外部に流出したからです。

フセイン元大統領といえば、イラクの元独裁者。二〇〇六年暮れの十二月三十日に死刑が執行されました。映像では、死刑執行官が、顔がわからないように黒いマスクをしている一方、フセインは顔を出したままでした。通常、死刑の執行にあたっては、処刑される人物の恐怖感を和らげるため、本人の顔にカバーをかけるものなのですが、その反対だったのですね。

映像には音声も収録されていて、執行官がフセインに対して「地獄に落ちろ」とののしっている様子が録音されていました。また、かつてフセインによって処刑されたイスラム教シーア派幹部の名前を讃える声も入っていました。まるで、イスラム教シーア派による処刑、という雰囲気なのです。これにイスラム教スンニ派の人たちが反発。大混乱が続いています。

イラクという国は、大きく三つに分かれています。北部にはクルド人という民族がいます。宗教はイスラム教スンニ派。中部と南部にはアラブ人が住んでいますが、南部はイスラム教シーア派で、中部にはイスラム教のスンニ派とシーア派が混在しています。

フセインは一九七九年からイラクの大統領になり、二〇〇三年にアメリカ軍の攻撃で政権が崩壊するまで二十四年間、イラクに君臨してきました。

フセインはアラブ人でイスラム教スンニ派です。イラク国内ではシーア派のほうが多数派で、スンニ派は少数派ですが、フセインは、自分と同じスンニ派を優遇。シーア派やクルド人は弾圧し、大勢を殺してきました。

アメリカ軍の攻撃でフセイン政権が倒れ、イラク人による政府が、フセインを裁判にかけました。いまのイラク政府はシーア派中心。国内にはシーア派のほうが多いのですから、選挙をしてシーア派中心の政権ができたというわけです。

フセインは、シーア派やクルド人を大勢殺した罪など計十二の罪で裁判にかけられましたが、このうちシーア派住民一四八人を殺した罪で去年十二月に死刑判決を受けたところ、他の罪についての裁判を打ち切り、さっさと死刑を執行してしまったのです。

このため、シーア派中心の政府が、報復としてフセインを殺したのではないか、という声が上がったのです。それを裏づけるようなケータイの映像だったのですね。

これにはアメリカ政府も衝撃を受けました。ヨーロッパ各国からも、イラク政府を非難する声が上がりました。イラク国内でもスンニ派を中心に強烈な反発が発生しました。

日本でもケータイの傍若無人な使い方にはむっとすることも多いのですが、このように国際情勢を大きく動かすことになろうとは。メディアが発達することによって、歴史を動かすような事態も起きることになるのです。

「物価が上がらない」ことが「問題」とは

物価は上がらないほうがいいに決まっている。と思っていたのですが、最近は違うようです。物価が上がらないことが大きな問題になるという、不思議な現象が続いています。

総務省は二〇〇六年八月、七月の消費者物価指数を発表しました。前年七月に比べた物価の上昇率は〇・二%にとどまりました。このニュースを報じたある新聞の見出しは、「物価の伸び　力不足」というものでした。

本文には「物価が伸び悩んでいる実態が浮き彫り」と書いてあります。物価が上がっていない現状を問題にしているのです。

なんだか不思議な感じですね。私たちにとって、物価が値上がりするのは困ったこと。値下がりするのは朗報のはずなのに、「困ったこと」という報道が続いているからです。

これは、日本経済のデフレを心配しているからです。物価が上昇する状態が続くことをインフレといい、値下がりが続くことをデフレといいます。日本経済は長くデフレが続いてきました。

景気が悪くなると、サラリーマン、ＯＬの給料が下がるので、商品があまり売れなくなる。商品が売れないと、値下げをする。値下げした分、商品が売れても売上げは減るので、会社の収入は減る。減った分、社員の給料も下がる。社員の給料が下がると、商品をあまり買わなくなる……。

この悪循環が続くので、物価の値下がりが続くデフレは嫌われるのです。

政府としては、「構造改革の結果、日本経済は復活し、デフレからの脱却に成功した」と宣言したいのですが、そのためには、物価が大きく上昇する必要があります。それなのに、七月の消費者物価はあまり値上がりしなかった。困った……。という話なのですね。

でも、実はこのとき、消費者物価指数があまり上がらなかったのには理由がありました。それは、指数の対象になる商品の入れ替えが行われたからです。

消費者物価を計算するためには、私たちが日常生活でよく使う商品の値段の動きを調べる必要があります。でも、時代によって、使われなくなった商品もあれば、新たに使われるようになった商品もあります。そこで、定期的に調査する商品を入れ替えるのです。

二〇〇六年七月調査分から、これまで調査していた「ワープロ」や「ミシン」「電気コタツ」などがはずされました。

代わって、「薄型テレビ」「DVDレコーダー」「カーナビ」などが加わりました。ミシンや電気コタツなど、いまや使う人はほとんどいませんから、調査対象からはずしたところで、消費者物価全体への影響はほとんどありませんでした。

その一方で、薄型テレビやDVDレコーダーなどは技術の進歩に伴い、急激に値下がりしています。こういう商品も調査するようになったので、物価の上昇率は低く抑えられたのです。それを考えれば、この値下がりは悪いことではありません。「デフレから脱却できない」と心配すべきことではないのですね。

ニュースで「困った」という報道があっても、それは一体、誰にとって困った事態なのか。そこに気をつけないと、私たちまで、「物価が上がらないとは、困ったね」などと言ってしまうという、困ったことになりかねないのです。

「二〇〇七年問題」という問題

二〇〇六年暮れから二〇〇七年初めにかけて、各マスコミは、「二〇〇七年問題」を大きく取り上げました。二〇〇七年は、いわゆる「団塊の世代」が大量退職時代を迎える年だからです。

この「団塊の世代」というのは、作家の堺屋太一さんが名づけ親です。昭和二十二年から二十四年にかけて生まれた人たちが、その前後よりはるかに多く、大きなかたまりのような世代であることから名づけたのですね。もともとは地学の専門用語で、周囲の岩に比べて、とりわけ硬い塊のことを指す言葉です。堺屋さんは、これを人口分布の表現に使ったのですね。

この年に大勢の子どもたちが生まれたのは、戦争が終わって戦地から帰国した若者たちが次々に結婚したからです。「ベビーブーム」です。ベビーブームが起きたのは日本に限りません。欧米でも第二次世界大戦が終わって、大勢の子どもたちが生まれました。

日本では団塊の世代と名づけられましたが、アメリカでは「ベビーブーマー」と呼ばれています。

昭和二十二年に生まれた人は、二〇〇七年で満六十歳。定年退職の年齢です。もちろん中には定年延長や嘱託の形で働き続ける人も多いのですが、これから続々と退職者が出てくることは間違いありません。これをマスコミは「二〇〇七年問題」と称したのです。

曰く、大量退職で企業は退職金の工面が大変だ。人手不足が深刻となって、企業は人材確保に躍起になる。ベテラン技術者がいなくなり、若手への技術の継承がむずかしくなる。年金受給者が増えることで、年金制度は危機を迎える。あるいは、少子高齢化が進んで、社会は活力を失っていく……。

こんなことばかり聞かされると、私たちまで、「なんだか大変な事態になるらしい」と思ってしまいます。

どうしてマスコミは、なんでも「~問題」と称したがるのでしょうね。「大変だ、大変だ」と危機をあおることで、本を買ってもらおう、テレビを見てもらおう、という商魂が見え隠れします。

でも、本当のところは、定年退職者が増えると、これまでのように新聞を購読してくれなくなったり、ビジネス書を買ってくれなくなってしまうのではないかという、マスコミの企業としての危機感を表明しているだけかもしれないのです。

こんなことに、私たちが乗せられる必要はありません。ものは考えよう。明るい面もたくさんあるのです。団塊の世代は、経済的に恵まれている人が多いので、働く側から消費する側に回ることで、消費が増え、景気拡大につながるかもしれません。

時間に余裕のある高齢者が増えることで、演劇やコンサート、映画鑑賞など、文化的な催しへの参加者が増え、文化が発展する。落ち着いた「大人の文化」が花開く。

こんなふうになったら、素敵でしょ。

私は二〇〇五年三月、定年を待たずにＮＨＫを退職しました。時間の余裕ができたので、社会人向け大学講座に生徒として顔を出すと、どの講座にも、勉強熱心な高齢者が大勢いました。これは嬉しかったですね。年齢に関係なく、勉学意欲に燃える人たちがいることを知って、心強くなったのです。

定年退職して豪華客船で世界一周の旅に出る人の話も聞きますが、大学の社会人向け講座なら授業料も高くありません。学問の世界一周も容易なのです。これからも、生涯にわたって学習を続ける。お互いに、そんな人生を送りたいものです。

「いじめ自殺」を伝えない勇気を

小学生や中学生がいじめを苦に自殺する事件が、全国で相次いでいます。前途ある子どもたちが、簡単に命を絶つ。その恐ろしさ、悲しさに言葉もありません。

こんなことがあってはいけない。どうして、自殺に追い込まれたのか。誰が、どんないじめをしていたのか。そのとき、学校はどんな対応をしたのか。

テレビも新聞も、事実関係を徹底的に取材して報道します。当然のことですね。事実を解明し、問題点を指摘して、再発防止に役立てなければならないからです。

テレビの中には、センセーショナルに取り上げ、真相解明より視聴率稼ぎではないかと思いたくなるものもありますが、多くは、真面目な意図によって制作されています。

しかし、大きく報道すればするほど、いじめで苦しんでいる子どもが、「そうか、自殺という手があったか！」と受け止めてしまう場合があるのではないでしょうか。これでは、子どもにヒントを与えてしまいます。

あるいは、テレビでキャスターが、「命の大切さ」を真剣に説きます。それを見た子どもは、「それだけ大切なものを投げ出せば、世間は大騒ぎしてくれるのだ」と考えてしまうかもしれません。

自殺した子の遺書に、いじめをした子の名前が書いてあると、その子やその親たちが社会的批判にさらされます。いじめに悩んでいる子は、その様子を見て、「いじめている奴の名前を遺書に書いて自殺すれば、復讐できる」と思ってしまうかも知れません。

これでは、自殺を防ごうとして努力しているマスコミ報道が、かえって子どもたちの自殺の連鎖を助長することになります。

かつて、ある人気女性タレントが、ビルから飛び降り自殺するというショッキングな出来事がありました。当然のことながら、各マスコミは、これを大きく取り上げました。すると、すぐに後追い自殺が起きたのです。

これは衝撃ですから、マスコミはすぐに報道。なぜこんなことをするのか、評論家の解説があふれました。途端に、次々に後追い自殺が始まったのです。これが再び報道されます。報道と自殺の連鎖が始まりました。

このとき私はＮＨＫの社会部記者でした。部内で、どうすれば自殺の連鎖を食い止めることができるか議論になり、心理学者の見解を聞きました。心理学者の見解は、「思春期の子どもたちは、報道に大きく影響されるもの。いくら自殺を食い止めようと思っても、報道すること自体が自殺を助長するのです」というものでした。

これを知って、NHKも、それ以外のマスコミも、後追い自殺が起きても、あえて報道を控えるようにしました。ほどなくして、自殺の連鎖は止まりました。

いじめ自殺の原因を追及するのは当然です。学校が、教育委員会が、社会が、いじめをやめさせ、自殺に追い込まれないようにする対策が必要です。

でも、いじめ自殺のひとつひとつは、あえて報道しない勇気もまた、必要ではないのか。私は、そう思います。

「新聞には、どうして漢字が多いの？」

ＴＢＳラジオに、「全国子ども電話相談室」という番組があります。「ダイヤル、ダイヤル、回して、回して……」というテーマソングが有名です。

私が中学生の頃に始まり、当時は平日の夕方に放送されていました。常連の回答者の無着成恭さんの、「あのね、それはね……」という東北弁の名調子を覚えていらっしゃる方も多いと思います。

いまは週一回となり、日曜日の朝九時から一時間の生放送です。スタジオには三人の回答者の「先生」がいて、電話のお姉さんの司会で話が進みます。ラジオを聞いている子どもたちから電話がかかってくると、お姉さんが電話を受け、質問の内容によって、回答者がその場で指名され、回答者が答えるという形式です。

私も好きな番組だっただけに、「回答者として出演しませんか？」というお誘いを喜んで受けました。

私が初めて出演したときのことです。電話のお姉さんが、初めに子どもたちにこう呼びかけました。「新聞を見てわからないことがあったら、何でも質問してください

全国こども電話相談室
　ＴＢＳラジオをキー局に、毎週日曜日の朝に放送されているラジオ番組。放送開始の一九六四年七月から現在まで続いている長寿番組でもある。全国の小・中学生から電話で寄せられる素朴な疑問に、専門家やスポーツ選手、タレントなどが、時には困惑しながらも、子どもの発達にあわせて丁寧に回答していくのが聞きどころとなっている。「ダイヤル、ダイヤル…」という天地総子の歌声で始まるテーマソングは、放送開始から変わっていない。

ね。池上先生がお答えします……」と。

そうしたら、ラジオを聞いていた子どもたち、本当に「新聞を見てわからないこと」を質問してくるではありませんか。

最初の質問は、「新聞には、どうして漢字が多いのですか?」というものだったのです。

私は、「ははあ」と思ったのですね。電話のお姉さんが、「新聞を見てわからないことがあったら」と言ったのは、新聞には「郵政民営化」とか「三位一体の改革」とかいう言葉が出ているけれど、これはどういう意味ですか、という質問が来ることを念頭に置いていたのです。

ところが、子どもは、言われた通りに新聞を見たら、漢字だらけで読めなかった、というわけです。質問者は、小学校二年生の女の子でした。

私たち大人は、「こういう言い方をすれば、子どもはわかるだろう」と勝手に思い込んでいることが多いのですが、実際にはその通りにはいかないものなのですね。

さて、この質問にどう答えるか。番組は生放送ですから、その場で答えなければなりません。

「漢字って、むずかしいかなあ?」と私。

「うん、大変」と、子ども。

「そうか、でもね、もし君が見ている新聞が、全部ひらがなだけで書いてあったら、どうかなあ。実は、かえって読みにくいんだよ。漢字というのはね、見ただけで、〝こんな感じ〟ということがわかるんだ。

新聞だって、ひらがなで〝しんぶん〟と書いてあると、この四文字の組合せは、こういうものなんだとひとつひとつ覚えていかなければならないね。でも、新聞と漢字で書いてあると、新しいことが書いてるものらしいということがわかる。漢字には、そういう働きがあるんだ。

だから、これからたくさんの漢字を覚えると、新聞や本がスラスラ読めるようになるんだよ。漢字の勉強、がんばってね」

こう答えましたが、子どもの質問は素朴であるだけに、答えるのがまことにむずかしいものなのですね。

第二章　海外ニュースの報道を考える

「中東はあぶない」？

ＮＨＫを退職して以来、私は世界各地に取材に行くことが多くなりました。そもそもＮＨＫを退職したのは、記者として現場を見て取材し、それを原稿にまとめる仕事に専念したかったからです。

行く先は、ニュースになる場所ですから、どうしても中東方面が多くなります。私が「中東に行ってきます」というと、私の知人の反応はみな同じ。「それは危ない所に行くんですね。どうぞ、お気をつけて」というものです。中東というと、どうしてもテロや紛争のニュースが多くなりますから、この反応には無理からぬものがあります。

でも、中東には、そこに住んでいる人たちがいるんですから、「危ない所」というのは、随分と失礼な話でもあります。

二〇〇六年にイランの核開発問題でイランに取材に行ったときは、大勢の人から心配されました。多くの人が、イランとイラクを混同していたのです。

確かにイラクは、国内で内戦状態が続き、外国人であることがわかると、それだけで狙われますから、「危ない所」ではありません。しかし、その東隣のイランは、決して「危険な所」ではないのです。

二〇〇七年夏にヨルダンに「イラク難民」の取材で出かけたときも、「そんな危ない所」と言われました。でも、イラク難民は、なぜヨルダンに逃げ込むのでしょうか。それは、ヨルダンが安全な国だからなのです。

難民は、危険から逃れてきます。わざわざ別の危険な国に行くはずはありません。周辺で一番安全な国に逃げてくるのです。つまり、難民が逃げてくる国は安全な可能性が高いのです。事実、ヨルダンの治安は大変よく、日本より治安がいいと言われたりします。外から見ているイメージとは、大きく異なるのです。

ヨルダンは、過去にも大量のパレスチナ難民を受け入れ、いままたイラク難民を受け入れています。私たちは、「難民」と聞くと、着の身着のままで逃げて来た人たちをイメージしますが、ことイラク難民に関しては、いささか事情が異なります。

もちろん、私たちのイメージ通りの「難民」もいますが、いまイラクから逃げてくる多くの人たちは、イラクの富裕階級なのです。治安の悪いイラクでは、金持ちであると見られると、誘拐され、身代金を要求される恐れがあります。警察官もグルになっていて、警察に届けるとかえって危ないので、誰もが警察に届けず、身代金を払って解決しています。

こんなことが続くと、富裕層はイラクに見切りをつけてヨルダンに逃げ出します。ヨルダンの首都アンマンの高級住宅街に居を構えるのです。この結果、アンマンの高級住宅街の地価は急上昇。次々に高級住宅が建設されています。日本ではちょっと見たこともないような高級住宅が誕生しているのです。

また、こうした富裕層は、ヨルダン国内に投資しますから、アンマンはオフィス需要が高くなり、ビルの建築ラッシュです。こうなれば、ヨルダンの建設業者はわが世の春。ヨルダン経済はますます発展する、というわけです。

平和なら経済が発展する。ごく当たり前のことですが、ヨルダンにいるとそれを実感するのです。

また、中東でも湾岸諸国と呼ばれるアラブ首長国連邦などでは、ドバイやアブダビなど、地域の中心都市の発展が目立っています。とりわけドバイは、中東の金融都市として成長著しく、ユニークな形のビルやリゾートホテルが続々と誕生しています。その姿は、まるで未来のテーマパーク。

ここで休暇を過ごそうという中東諸国の金持ちたちが集まってきますから、落とすお金も半端ではなく、ますます発展するというわけです。

平和なら豊かになれる。この事実は、多くの国の人々にとって、平和を希求する原動力にもなり、紛争の拡大を防止する動機にもなります。

「中東はテロがあるから危ない」という発想を逆に考えてみましょう。ヨーロッパの人が日本に行くと言ったところ、その知人が、「アジアって、テロがある場所でしょ。そんな危険な所に行って、大丈夫？」と質問する。そんな情景を思い起こせば、「中東だから危ない」という発想がおかしいことがわかると思います。ここでも、メディアリテラシーの力が問われているのです。

イランも「普通の国」

「中東だから危ない」という発想はおかしいという話を続けましょう。二〇〇六年、私がイランに取材に行ったときの話です。

イランは核開発を進めていますが、「原子力発電用の核燃料製造という平和目的であり、核兵器を製造するつもりはない」と説明しています。

しかし、イランは過去に、こっそり核開発を進めていたこともあり、実際には核兵器をつくろうとしているのではないか、という疑惑を持たれています。イランが核兵器を持つことを恐れるアメリカやイスラエルが、先制攻撃に踏み切る可能性もあります。

そんなイランは、どんな国なのか。それが、私が取材に行った理由でした。結論から言えば、「イランも普通の国」でした。

イランはイラクと間違えられやすいのですが、イラクとは異なり、戦争状態にあるわけではありません。一九七九年に起きた「イスラム革命」によって、イスラム教の宗教指導者が国を治める体制になっています。

国民から選挙で選ばれる議会があり、国民から直接選挙で選ばれる大統領が存在しているのですが、さらにその上に、宗教指導者たちから選ばれた最高指導者がいて、この人が国の方針をすべて決めているのです。

一九七九年に起きたイスラム革命の指導者はホメイニ師。首都テヘランの街角には、随所にホメイニ師の肖像画が描かれています。ホメイニ師が初代の最高指導者に就任しましたが、その後、死去。現在はハメネイ師が最高指導者です。

イスラム革命直後は、厳格なイスラム教の国となり、女性は黒いマント（チャドル）を着用しないと外出できなくなりました。女性は、家族以外の男性に「美しいところ」を見せてはいけないというイスラム教の教えを厳格に適用したからです。チャドルを着ていない女性は、街頭で民兵からムチで打たれるありさまでした。

しかし、厳格な社会は息が詰まります。次第に自由化を求める空気が広がり、一九九七年には、自由化を推進するハタミ大統領が国民の圧倒的な支持を得て当選しました。

それ以来、社会は少しずつ変わってきました。若い女性は、チャドルを着ないで外出するようになりました。髪はスカーフで申しわけ程度に隠すだけで、ジーパンをはいて歩く姿も見られるようになったのです。

しかし、大統領の上に最高指導者がいる国です。大統領が打ち出した自由化は次々に否定され、結局、ハタミ大統領は自由化を徹底させることがないまま任期を終えました。これに失望した人たちはすっかり白け、二〇〇五年の大統領選挙では棄権した人が多く、結果として、宗教票に支えられた保守派のアフマディネジャド大統領が当選しました。

そのアフマディネジャド大統領も、国民の自由化への願望を否定することはできません。おしゃれをした若い女性たちの姿や、手をつないで歩く男女のカップルの姿を、いまも見ることができるのです。

日本のマスコミでは、「厳格な宗教国家」という形容詞がつくイランの、これが現実です。先入観念にとらわれてはいけない。イランを見ると、そう思うのです。これは、マスコミに携わる者にとっての戒めであると同時に、そうしたマスコミ報道を受け取る側も心すべきことでしょう。

報道されないことでわからないことも

ダライ・ラマに会いました。二〇〇六年、当時のフジテレビの番組での取材でした。

ダライ・ラマは、チベット仏教の最高指導者。チベット仏教では、ダライ・ラマは菩薩の化身。あえて人間社会にとどまり、人間たちを導く存在とされています。このため、ダライ・ラマが死ぬと、別の場所に転生することになっています。現在のダライ・ラマは、十四世。私が会ったときは七十一歳でした。

チベットは、現在でこそ中国の一部のチベット自治区になっていますが、第二次世界大戦前はダライ・ラマによる自治国として運営されていました。ここに中国の人民解放軍が進駐したのは一九五一年。「チベット人民を解放する」という名目でした。ほとんど武力を持たなかったチベットは、圧倒的な軍事力の前になすすべなく、中国の保護下に入ります。

しかし一九五九年、中国支配に反対するチベット人の反乱が発生。混乱の中で、ダライ・ラマは、インド北東部のダラムサラに亡命しました。わずか二十四歳の若さでした。

それ以来、ダライ・ラマは、チベット帰還を果たせないままなのです。

亡命当初はチベットの独立を求めていましたが、チベットの中国支配が進むと、現実路線に転換。独立は求めず、いまの中国の中での高度な自治を求めています。

ダライ・ラマは、この運動で常に非暴力を貫き、それが評価されて一九八九年にはノーベル平和賞を受賞しています。

しかし、中国政府は、チベット独立を画策しているのではないかと疑い、ダライ・ラマの帰還は実現していません。ダライ・ラマの亡命政府と中国政府による交渉も始まりましたが、進展していません。

二〇〇六年、ダライ・ラマは、広島で開かれた国際平和会議に出席するために来日し、その後も日本国内に長く滞在したのですが、このことは日本のマスコミでほとんど報道されませんでした。多くのマスコミが、中国政府に〝遠慮〟したからです。

中国政府はダライ・ラマの動向に神経をとがらせ、日本のマスコミが報道すると、その会社の北京支局に対して、厳重な抗議をしてくるのです。過去には、北京支局の活動停止処分を受けた放送局もあります。いわば北京支局が〝人質〟になっているのですね。かくして、ダライ・ラマが訪日しても、取材をしない会社が多いということになるのです。

そんな困難な事態にあっても、ダライ・ラマは楽観的でした。「中国は少しずつ民主化が進み、変わりつつあります。中国国内にもチベット仏教の信者やチベット文化に興味を持つ人が増えています。いい結果になると信じています」と笑顔で語るのです。

ダライ・ラマは、常に「慈悲」という言葉を語ります。相手に対する慈悲があってこそ、すべてはうまくいく、というのです。チベットではチベット人に対する中国政府の抑圧政策が続いていますが、ダライ・ラマは、その中国政府に対してすら、慈悲を持って接しようとしているのです。

ただ、そのことを報じる日本のマスコミが少ないという残念な現実もあります。報道されないため、多くの日本人が、この問題を知りません。マスコミが何を報じないかを知ることも、実はメディアリテラシーの力をつける上で大事なことなのですが、残念ながら、これを知ることは至難の業であることも、また事実です。

アメリカの騒動は他人事ではない

メディア・スクラムという言葉があります。大きな事件が起きたとき、加害者家族や被害者家族のもとに多数の報道陣が詰めかけることを意味します。テレビ、ラジオ、新聞、雑誌など多数のメディアの取材陣が、まるでスクラムを組むように関係者を取り囲む様子から名づけられました。二〇〇六年六月には、秋田県で発生した幼児殺人事件で、畠山鈴香容疑者が逮捕されるまで、容疑者の自宅を多数の報道陣が取り囲むということがありました。

メディア・スクラムはアメリカでもしばしば問題になります。とりわけ大騒動になったのは、「ジョンベネちゃん殺人事件」でした。

この事件の発生は一九九六年十二月。アメリカ・コロラド州のジョン・ラムジーさんの自宅地下室で、長女のジョンベネちゃん（六歳）が殺されているのが見つかったのです。

ジョンベネちゃんは、幼児のミス・コンテストに数多く入賞するなど、その可愛らしさは有名で、事件発覚と共に、アメリカでは大ニュースになりました。

遺体が見つかった地下室はわかりにくい場所にあり、近くの人にも知られていなかったことから、警察は当初、両親を疑いました。警察の捜査方針にマスコミも引きずられ、「両親が怪しい」というトーンの報道合戦になりました。

両親は、自らの潔白を証明するために、自分たちをウソ発見器にかけたりするなど、懸命になりましたが、「両親が犯人」という印象を打ち消すことができませんでした。

この騒動で父親は職を失いました。母親は二〇〇六年六月、ガンで亡くなりました。愛する子を失うという悲劇にとどまらず、自分たちが犯人と疑われるという二重の悲劇に見舞われた失意の日々は、母親の若すぎる死を招いたのです。

この事件で、二人を追いかけるアメリカの報道陣のやり方は、まさにメディア・スクラムそのものでした。

ところが、二〇〇六年八月になって、容疑者が逮捕されたのです。逮捕されたのは、タイで英語教師をしていたジョン・カー容疑者（四十一歳）です。事件の関係者に、事件について「犯人しか知りえない」情報をメールで送ったことが、逮捕につながりました。

容疑者逮捕に、全米が再び興奮の渦に。両親を犯人扱いしたメディア・スクラムが、今度はカー容疑者に対して向けられました。

ところが、警察が逮捕して調べたところ、事件当時、カー容疑者は、現場からはるかに離れた場所にいて、事件を起こすのは到底無理であることが判明しました、カー容疑者は、事件について異常なまでに興味・関心を抱いているうちに、まるで犯人のような心境に陥ってしまったと見られています。

アメリカのマスコミによる二度目のメディア・スクラムは、再び「誤報」になってしまったのです。

マスコミは、なぜこのような失敗を繰り返すのでしょうか。マスコミには、警察の捜査を信じ、捜査方針を絶対のものとして追いかけてしまうという体質があります。警察がいったん間違えると、マスコミもまた間違えることになってしまうのです。

警察の捜査とは距離を置き、関係者の人権とプライバシーを尊重しながら、慎重に記事を書く。この基本を守らないと、同じような事件は、また何度でも起きてしまうのです。

北朝鮮は日本をどう見ているのか

日本人にとって「謎の国」北朝鮮。二〇〇六年九月、フジテレビの番組の取材で北朝鮮を訪れました。北朝鮮が「核実験をした」と発表する直前のことでした。

この「謎の国」について、考えてみましょう。

二〇〇六年九月に私が北朝鮮を訪問したのは、北朝鮮政府が日本の安倍内閣をどう受け止めているか知りたかったからです。

安倍首相は、対北朝鮮強硬派。拉致問題で北朝鮮に強硬な姿勢を示したことが、国民的な人気につながり、総理の座を射止めました。そんな安倍内閣成立を、北朝鮮の政府はどう受け止めているのか。これが取材の主目的でした。私たちは、「北朝鮮は理解不能な国」として処理しがちですが、北朝鮮には北朝鮮なりの論理があります。まずは、そこを解きほぐすことでしか、事態は前に進みません。

そこで、北朝鮮外務省の幹部に見解を質しました。北朝鮮の見解は、こうでした。

アメリカは北朝鮮を追い詰めて圧殺しようとしている。そんなアメリカにとって、日本が北朝鮮と国交を回復するのは困る。拉致問題が解決すると、日本と北朝鮮は国交正常化交渉に入ることになっている。そこでアメリカは、そうはさせまいと、日本に対して、拉致問題を解決しないように要求している。この要求に基いて成立したのが安倍内閣だ。

拉致問題を引き起こした自分たちのことを棚に上げて、悪いのはアメリカであり、アメリカに追随する日本だという主張なのです。

このほかのやりとりも通じて、北朝鮮は本当にアメリカが怖いのだなあと実感しました。北朝鮮にとって、強大な軍事力を持つアメリカが最大の脅威。アメリカとの関係を改善することで、自国の安全を確保しようと考えているのです。

ところがブッシュ政権は、二国間の協議に応じようとしません。いわばプロポーズを断られた男が、意中の女性の気をひこうと、何度も何度もちょっかいを出す、という構図なのです。

プロポーズを成就させたければ、自分の誠意を見せ、自分がいかに誠実で魅力的であるかを示さなければなりません。それをしないで、「こっちを向かないとミサイル発射するぞ。こっちと話をしないと核実験するぞ」と言っているのですね。これではコミュニケーションは成立しません。

自国の安全保障は、他国を脅迫して得られるものではありません。他国との信頼関係を築くことで実現するのです。その国際政治の原則を、どうすれば理解させることができるのか。とても困難なことですが、それをしないと、東アジアの安全は保てないのです。

ピョンヤンの空港を飛び立つと、眼下には、赤茶けた不毛の大地が広がります。不毛な大地の上に、不毛な不信が存在しているのです。

それでも、北朝鮮は心底アメリカを恐れている、その事実を知れば、その心理を突いた戦略もまた、生まれてくるはずです。相手の論理を理解する必要があるというのは、そういうことなのです。

北朝鮮取材ではいつも「保護」される？

北朝鮮の取材では、必ず「案内人」がつきます。私たちのテレビ番組取材では、私を含めて取材班は四人。この四人に、案内人が二人つくのです。実に丁寧な対応ぶりですね。しかも専用バスを用意してくれます。どこに行くにも、必ずこのバスに乗せられ、案内人の「提案」する場所に行くことになるのです。

事前に当方から取材したい項目を提出してあるのですが、希望がかなうかどうかは、当日にならないとわかりません。また、当方からは希望していない場所に突然案内されることもあります。当局として、「見せたい」ものだけを見せようとするのですね。

まあ、誰しもいい所を見せたいもの。私たちだって、我が家にお客さんが来るとなったら、あわてて掃除したり、見せたくない物は押し入れにしまったりするものですよね。それを国家単位でやっていると考えれば、わかりやすいと思います。

ですが、当局は、そんな言い方はしません。「いま朝鮮の人々は、日本の朝鮮敵視政策に対して憤激しています。もしあなた方が日本のメディアだとわかったら、朝鮮人民がどんな態度に出るか、安全を保証できません。ですから、私たちがあなた方を保護します」ということになるのです。私たちにいつも案内人がつくのは、私たちを「保護」してくれているからなのですね。

これはホテルに着いてからも同じこと。平壌には外国人専用ホテルが二つあり、外国人は、必ずどちらかに宿泊することになります。私たちについた案内人は、必ず私たちと同じホテルに泊まります。私たちに何かあったら大変だからですね。

このホテルのロビーや入口付近には、いつも数人の男性がたたずんでいて、私たちが単独で外に行こうとすると、待った、がかかります。外国人が単独行動したら、不測の事態が起きるかも知れないので、すぐに案内人に連絡が行き、「保護」してくださるのです。

どうして私たちが外国人であるとわかるかって？　それは、私たちが胸に金日成バッジをつけていないからです。

私たちが、何か不満を持っていたら、それに対処しなければいけませんから、私たちの発言にも注意してくださいます。ある人がホテルの部屋の中で、「食事がまずいなあ。たまには寿司を食いたいよ」と大声で言ったら、翌日、寿司が出てきたとか。

部屋の電球が切れていたので、「電球が切れているぞ」と部屋の中で言ったら、ホテル側に連絡しなくても、翌日には電球が交換されていたとか。こんなエピソードには事欠かないのです。

これは私たちのことではありませんが、二〇〇六年七月、日本の報道各社が平壌を取材しました。このうち、ある社のカメラマンが、ホテルの部屋で荷造りする際、下着をホテルの備品のバスタオルでくるんでトランクにしまったそうです。すると、ロビーに降りたところで、ホテルの従業員が飛んできて、「あなた、ホテルのタオルを持っていこうとしているでしょう。すぐに返しなさい」と言われたそうです。

ホテルの従業員は、どうして部屋の中のことがわかったのでしょうね。私たちの安全を守るため、どうやらホテルの部屋の中まで気にしてくれているようなのです。

そういえば、ホテルの部屋の中には、壁一面の巨大な鏡がありましたっけ。

北朝鮮のマスコミ対策

北朝鮮は、いわば〝鎖国〟状態。海外のマスコミ取材に神経を尖らせています。北朝鮮にとって、マスコミは利用するものでしかありません。日本の報道陣を受け入れた以上、少しでも好意的な報道をしてもらえるようにしなければなりません。北朝鮮の受け入れ窓口としても、その点に心を砕くことになります。

北朝鮮の首都ピョンヤンの空気は澄んでいて、とてもおいしいのです。それもそのはず、道路にはあまり自動車が走っておらず、排気ガスがないからです。

道路はどこも広く、片側三車線から四車線もあります。そこを私たち取材班を乗せたバスが疾走するので、快適ではあるのですが、道路が広いだけに、自動車の数の少なさが目立ちます。

市内の火力発電所はモクモクと白煙を吐いていて、操業していることがわかりましたが、他の工場は操業停止状態が多いと言われ、その分、大気汚染とは無縁なのです。

ピョンヤンの夜空はきれいです。星空がくっきりと見えます。それもそのはず、市内は真っ暗だからです。

私たち外国人がピョンヤン市内で宿泊できるホテルは二つに限られます。ピョンヤン駅近くの高麗ホテルと、市内を流れる大同江の中洲に建つ羊角島ホテルです。私たち取材陣が泊まったのは高麗ホテル。ピョンヤン駅近くなのですが、夜ホテルの外に出ると、懐中電灯がないと歩けないほど暗いのです。

首都の中心部ですら、この状態なのです。目抜き通りには一応街灯があるのですが、夜になっても点灯しません。あるいは、明かりがついても薄ぼんやりとしていて、道路を照らすだけの光量がありません。

この国での取材は、事前に当方の取材希望を出すのですが、必ずしも希望はかなえられません。その一方で、希望もしていない場所に案内されることがあります。今回は、「一般家庭訪問」がセットされました。

一般家庭と紹介されましたが、実際に行ってみたところ在日朝鮮人の帰国者でした。かつて日本に住んでいましたが、北朝鮮に帰国。家族は日本に留まっている。日本の家族が「万景峰号」で定期的に訪問してくれていたのに、日本が経済制裁の一環として「万景峰号」の入港を拒否したので家族と会えなくなった、という主張を聞かせるためのものでした。

ピョンヤンの一般市民は全員が二十数階もある高層アパートに住んでいます。訪問先は、二十六階建の十一階でした。エレベーターに乗って十一階で降り、取材の準備をしていると、上方の階の人たちが、次々に階段を使って降りてきます。つまり、このアパートに住んでいる人たちは、エレベーターを使わないのです。みんなエレベーターが動いているとは思っていないからです。

この日は、日本のテレビ局の取材があるので、このアパートに特別に電力を供給し、エレベーターを動かしていたのですね。上方から歩いてくる人たちに気がつかなければ、私たちは、「エレベーターはちゃんと動いていた」と思ってしまうところでした。

訪問先に入って取材中、台所で洗い物をしようとする人に、取材班のディレクターが、「水道は出るんですか?」と尋ねました。私は、「なんて失礼なことを聞くんだろう」と思いました。すると、相手は、むっとして、「もちろん出ますよ、一日三回」と答えました。朝昼晩の炊事のときしか水は出ないのですね。出るときにバケツなどに貯めておくのです。

エレベーターがちゃんと動き、水道の水も出る。そんな様子を取材させるはずが、上手の手から水が漏る、とでも言いましょうか、実態がバレてしまいました。性格の悪い報道陣を誤魔化すのは、大変むずかしいのです。

取材陣を受け入れるくらいですから、大変恵まれたアパートなのですが、それでもこの状態なのです。

北朝鮮では現地のお金に両替できない

海外旅行に行くと、まずはその国のお金に両替しますね。アメリカならドル、ヨーロッパ各国はユーロというように。ところが北朝鮮は、現地のお金に両替できないのです。

北朝鮮のお金の単位は「ウォン」。名前は韓国と同じです。でも、価値はまったく違います。お金の価値は、その国の経済力を反映しますから、韓国のウォンのほうが、はるかに価値が高いのです。

しかし、「珍しさ」という点では、北朝鮮のウォンですね。北朝鮮取材が決まってから、私は北朝鮮の紙幣に両替するのを楽しみにしていました。

ところが、それがダメでした。取材班が宿泊できるのは外国人専用ホテル。一階ロビーに「両替」というカウンターがあるので、円をウォンに両替しようとしたところ、断られました。外国人は外国人が買い物できる店で、外貨で払ってください、というわけです。

北朝鮮の通貨は、外国人が入手できない。ここでも北朝鮮経済は、海外から隔絶していました。

北朝鮮国内で外国人が買い物をしたり、食事ができたりするのは限られた店だけです。そこでの値段表示を見ると、ウォンの後にカッコしてユーロの金額が書いてあります。なんと北朝鮮では外国人の買い物はユーロでしなさい、ということなのですね。

海外では、その国の通貨以外にアメリカのドルが使える国が多いのですが、北朝鮮はユーロが基準だったのです。「ドルでないのは、アメリカが嫌いだから？」と聞いてみたら、そうではなくて、「リスク管理」だというのです。アメリカのドルだけを持っていたら、ドルが暴落すると損害を受けます。そんなことがないように、国家としてユーロも持つようにしている、というのですね。

確かに、北朝鮮とアメリカとの緊張が高まり、北朝鮮の何らかの行動によってドルが暴落したら、北朝鮮も損をします。そんなことがないようにするためのリスク管理でもあるのでしょう。

ただ、外国人の支払いでは、ドルや円も使えます。ドルや円で払おうとすると、ユーロの値段から換算して金額が決まるのです。私は、北朝鮮取材の合間に、外国人専用ホテルの中の書店で、北朝鮮関係の資料を買い求めました。円で支払うと、ちゃんとお釣りを円で払ってくれました。円で買い物をしている人も大勢いることをうかがわせますね。

それにしても、どうして外貨を北朝鮮のウォンと両替できないのでしょうか。ひとつには、外国人が一般市民と同じ場所で買い物できないようにする、という目的があるのでしょうね。外国人と市民を隔離する必要があるからです。また、外貨との交換を認めたら、北朝鮮の紙幣が海外に流出することになるので、それを防ごうという狙いがあるのかも知れません。

ちなみに、北朝鮮の一〇〇ウォン紙幣には、故・金日成主席の肖像画が描かれています。この紙幣を折ると、金日成主席の顔にシワがついてしまいます。そのような「恐れ多い」ことは許されないとされていますので、外国人にそのような「不敬」なことをされないようにする、という隠された目的があるのかも知れませんが、ここまで勘ぐると、邪推と言われそうですので、やめておきます。

日本語を学ぶ北朝鮮の学生たち

私たち取材班に付き添う案内人の人たちは、見事に流暢な日本語を話します。まったく訛がなく、日本の伝統文化にも精通しているところを見せます。大したものです。

この人たちは、平壌外国語大学の卒業生。この大学は五年制で、一八〇〇人が学んでいます。学部数は五つ。英語学部（学生数一〇〇〇人）、中国語学部（二〇〇人）、ロシア語学部（一〇〇人）、日本語学部（六〇人）、それに民族語学部です。大学では実に二十二か国語を教えています。英語、中国語、ロシア語、日本語以外の言語は、民族語学部で学ぶことになります。

学生数の一番多いのは英語。北朝鮮にとって「敵国」であるアメリカの言葉を学ぶことに重点を置いていることがわかります。

日本語も独立した学部で教えています。それだけ重視しているのですが、このところ、肝心の学生が集まりません。日本と北朝鮮の関係が悪化したためです。

そこで、他の学部の受験生に対して、「日本語学部なら合格させてあげるけど」と持ちかけて学生を確保しているんだそうです。

特に地方の高校生にとって、首都ピョンヤンに住めるのは特別待遇。平壌外国語大学に入学できれば、将来は保障されていますから、たとえ希望していない学部でも入学することになるのですね。

大学の最上級生である五年生の授業を見学させてもらいました。教科書は教員による手作りです。北朝鮮は紙の事情が極端に悪く、教科書の紙も粗悪で、印刷文字はすぐにかすれてしまうのですが、内容はなかなかどうして、高度なものでした。

冒頭は「敬愛する指導者・金正日指導者のお言葉」という論文。さすがですね。

その後は、日本経済や日本の文化についての論文、エッセイが掲載されています。日本語の勉強をしながら、日本という国について学ぶ仕組みです。

中には「マネジメント」という項目もありました。経営学について学ぶことで、「資本主義経済」の仕組みを知るんだそうです。まさに「敵を知る」ことの大切さがわかっているようです。

現代文ばかりではありません。清少納言の『枕草子』まで掲載されていました。古文も読めるようにすると共に、「春はあけぼの」などといった日本人にとっての常識も学ぶのです。

では、学生たちは、どんな思いで日本語を学んでいるのでしょうか。インタビューしました。もちろん、担任と大学の担当者立ち会いのもとです。

「日本は過去に朝鮮を侵略し、人民に多大な被害を与えました。そんなひどいことをするのはどんな国なのか、敵を知るために日本語を選びました」

これが異口同音の答えでした。担任や大学担当者の立ち会いのもとですから、本音での発言は期待していませんでしたが、それにしても、見事でした。

学生たちが「正しい答え」を言わされているのなら痛ましいことですし、本当にそう思っているのなら、とても悲しいことです。

それより何より、インタビューした学生全員が異口同音の発言をすること自体が、言論の自由が保障された国の国民にとっては、極めて異常なものとして受け止められる、ということに気がつかない国の異常さを知るものとなったのです。

北朝鮮はなぜ食糧不足になったのか

核実験まで実施するけれど、国民は食糧不足に苦しんでいる。これが、いまの北朝鮮です。なぜ北朝鮮は、これほど食糧不足に陥ったのでしょうか。

結論から言えば、〝万能の指導者〟がいたからなのです。

北朝鮮の建国当時の指導者は金日成主席でした。「敬愛する首領」と呼ばれ、国民が絶対的な忠誠を誓わなければなりませんでした。常に正しい指導をする人物として、徹底した個人崇拝が行われたのです。

そうなると、どういうことが起きるのか。〝万能の指導者〟ですから、国民は、あらゆることについて指導を求めます。本人も、全国を回って指導します。

建国初期の北朝鮮では、食糧の増産が課題でした。金日成は全国の農村を回り、稲の密植を指導しました。田んぼに稲をびっしり植えるように指導したのです。

実は当時、中国の毛沢東主席が、これを指導し、「大成功した」と宣伝されていました。「大躍進政策」と呼ばれました。金日成はこれを信じ、北朝鮮でも稲の密植を指導したのです。

しかし、稲を密植すると、肥料や水が十分に行き渡らず、風通しも悪くなるので、稲の実入りは激減します。中国では、このために大規模な食糧不足が発生し、餓死者を出していたのですが、「成功した」と偽りの宣伝をしていました。北朝鮮はこれを真に受けて実践。結果は、北朝鮮でもコメ不足の発生でした。

金日成は、食糧の増産のため、農地の拡大も指導します。目をつけたのは森林でした。山の森林を伐採し、段々畑を作ってトウモロコシを栽培するように指導したのです。

〝万能の指導者〟の指導ですから、全国一斉に森林を伐採しました。でも、山の木というのは、実は大事な役割を果たしていますよね。山に大雨が降っても、山の木が水を蓄えてくれるので、洪水を防ぐことができるのです。また、水を蓄えることで、日照りが続いても、川の水が干上がることはありません。

ところが、山の木を伐採してしまったものですから、少しの大雨でも洪水が発生するようになりました。一方、日照りが続けば、すぐに干ばつになってしまいます。ちょっとの雨で洪水が発生し、山崩れが起きるために、せっかくの段々畑は壊滅。さらに、崩れた土砂が田んぼを埋め、コメの収穫量が一段と減ります。

崩れた土砂は川に流れ込みます。川底が浅くなり、少しの雨で川は氾濫。またまた農地が全滅します。

川に流れ込んだ土砂は、やがて港へ。港の底が浅くなり、大型船が港に着けなくなります。港湾機能のマヒです。

土砂はさらに沖合へ。沖合の海底には海草があって魚の住みかになっているのですが、土砂に埋もれ、沿岸漁業も壊滅状態に。

国民の誰も批判できない〝万能の指導者〟が指導すると、こういうことになるのです。

北朝鮮でも、農業の基礎的知識を持っている人はいくらでもいたでしょうが、お上の方針を批判すれば、自分の生命に危険が及びます。言われた通りのことをしていれば、とりあえず自分の命は守れます。みんながそんな態度をとっているうちに、国家全体が傾いてしまったのです。

これを、「北朝鮮は、だからダメなんだ」と受け止めるのか、それとも、「経営のトップが独裁者であるがゆえに傾いた会社は日本にもあったなあ」と受け止めるのか。他人のことは言えない実態の会社も日本には存在するのです。

第三章　テレビの世界をご案内

「アナウンサーではないんです」

私は一九九四年から二〇〇五年までの十一年間、NHKの「週刊こどもニュース」のお父さん役を務めてきました。アナウンサーによく間違えられましたが、アナウンサーだったことはありません。三十二年間のNHK人生は、ずっと記者でした。

NHKの記者の仕事は新聞記者と同じです。現場で取材をし、アナウンサーが読む原稿を書くことです。私自身は、社会部記者として、事件、事故、災害、消費者問題、教育問題を担当していました。警視庁記者クラブ時代は、殺人事件専門記者だったこともあるのです。

私がNHKに入った一九七三（昭和四十八）年頃には、記者がテレビの画面に出てリポートすることなど考えられませんでした。

ところが、時代は変わるもの。記者リポートは当たり前になり、しばしば画面に登場しているうちに、いつしかキャスターと呼ばれる仕事をしていました。

このためアナウンサーと間違えられるようになりました。初めのうちは、街で「NHKのアナウンサーの方ですよね」と声をかけられるたびに、「いいえ、アナウンサーではありません」と答えていました。

しかし、「だって画面に出てるじゃない」と言われて、テレビ画面に出てしゃべっている人を、世間ではアナウンサーだと思っていることに気づいたのです。それ以来、「アナウンサーですね」と声をかけられるたびに、「ええ、そのようなものです」と答えるようになりました。「こどもニュース」を担当するようになってからは、「お父さんですよね」と声をかけられることも増えましたが。

「アナウンサーとキャスターは、どう違うのですか？」という質問をよく受けます。アナウンサーというのは、会社の中の「身分」。キャスターは仕事の種類（職名）と言えば、おわかりいただけるでしょうか。

テレビやラジオでニュースを伝える仕事がキャスターです。このキャスターの仕事を務めている人の中には、放送局内部での身分が記者の人もいれば、アナウンサーの人もいるのです。中にはディレクターや解説委員が担当していることもあります。

アナウンサーがキャスターを務めている場合、記者かディレクター出身の編集責任者が別にいます。その人が、どのニュースをどの順番で取り上げるかを決定します。

これに対して、記者や解説委員がキャスターを務める場合、この記者や解説委員が編集責任者でもあり、ニュースの取捨選択も行っています。つまりは、記者のキャスターのほうが、番組での強い権限を持っているのです。

でも、ニュースの読みの技術では、アナウンサーにはかないません。

そこで、アナウンサーと記者キャスターの違いを、次のように表現する人もいます。

「アナウンサーとは、自分の感情を交えずにニュースを上手に読む人。記者キャスターは、思い入れたっぷりに下手に読む人」と。

打ち合わせがほとんどないとは……

ＮＨＫを辞めたのは、取材・執筆に専念するためでした。私はもともとＮＨＫの記者。たまたまテレビ画面にも出ていましたが、原稿を書くのが本業。テレビに出ているより、原稿を書いているほうがずっと楽しいのです。そこで、本の執筆に専念すべく、ＮＨＫを辞めました。

かくして、フリーのライター、略してフリーターの誕生です。

ところが、ＮＨＫを辞めたら、民放のいろいろな番組から出演依頼を受けるようになりました。それぞれの番組担当者が、「週刊こどもニュース」を見ていてくれたのです。

好奇心旺盛な私としては（単にミーハーなだけとも言われますが）、民放の局内事情を学ぼうと、いくつかの番組については、出演をお受けすることにしました。

その結果知ったこと。ＮＨＫと民放の番組づくりの最大の違いは、打ち合わせの時間量でした。

ＮＨＫの場合、番組の制作者（ディレクターといいます）は、事前に出演者と綿密な打ち合わせをして、番組の流れの構成表を作成します。生放送の場合、放送開始二時間前には出演者に来てもらい、打ち合わせをして、スタジオでリハーサルをします。

出演者がどんな発言をするか、ディレクターは事前に把握した上で、場合によっては、「こんな内容のことを話していただけませんでしょうか」と依頼することもあります。それだけ手間隙かけて番組をつくりますから、内容もしっかりしたものになります。

ただし、出演者は何度も同じようなことをしゃべらされるため、肝心の本番のときには、出がらし状態になることもあります。生き生きとした話になりにくいのです。

その点民放は、事前の打ち合わせがほとんどありません。特にラジオの場合、長時間の生放送番組に途中から出演することが多いのですが、パーソナリティ（ラジオ番組の司会者のことです）は、すでにスタジオで放送中。本人とは何の打ち合わせもないまま放送に入ることがほとんどです。

こうなると、出たとこ勝負。場合によっては、あまり内容のある話にならないこともあります。でも、その分ハプニング続出で、生き生きとした躍動感あふれる番組にもなります。どっちがいい悪いとは言えないのですが、話がどう進むかわからないという点で、民放のほうがスリルに富んでいます。

実は、私が担当していた「週刊こどもニュース」では、生放送中に、出演者のこどもたちが思わぬ質問をすることがしばしばありました。話がどこへ進むかわからないという点で、民放の番組とよく似ていたのです。

いま私が民放の番組で、とりあえずは戸惑わないですんでいるのは、「こどもニュース」で出演者のこどもたちに鍛えてもらったおかげだと思っています。

小倉さんのウンチクを聞く出演者打ち合わせ

二〇〇五年三月にＮＨＫを辞めてフジテレビの朝の情報番組「とくダネ！」にコメンテーターとして初出演したときのこと。「なんでＮＨＫの人間がフジテレビに出ているんだ！」という抗議電話がＮＨＫに何本もかかったとか。

私がＮＨＫを辞めたこと、知らなかった人が多かったのですね。

この「とくダネ！」のキャスターは、小倉智昭さんと佐々木恭子さん。小倉さんはフリーのキャスターで、佐々木さんはフジテレビのアナウンサーです。

小倉さんの持ち味は、その豊富な知識と絶妙なバランス感覚。番組の中で、スタッフのおふざけがいささか過ぎたＶＴＲが出てくると、スタジオで小倉さんが、「なにバカなことやってるの！」と、キツい一言。スタッフの制作態度を叱ることで、番組全体としては、バランスが見事に保たれるのです。

小倉さんの横にいる佐々木さんは、ほんわかムードを醸し出して、番組を好印象のものに仕立ててあげます。

この番組、放送は午前八時からで、出演者全員が顔を合わせるのは一時間前の七時です。ディレクターが放送内容を説明していくと、そのひとつひとつについて、小倉さんのウンチクが始まります。

「それはね、そもそも……」

その豊富な知識に、居合わせた全員が「へーっ」と感心しているうちに、いつしか放送開始時間が迫ってきます。慌ただしくスタジオに入ったところで、放送で小倉さんがコメンテーターにどんな質問をするのか、何も打ち合わせをしていなかったことに気づくのです。

こうなると、コメンテーターとしては、番組のコーナーごとに、「さあ、もしここで小倉さんに質問されたり、感想を求められたりしたら、何と答えよう」と、頭の中で必死になってコメントを考えることになります。質問が来ないまま次のコーナーに移ると、それまでのことはさっさと頭の中から振り払い、次のコメントを考えます。

まことに真剣勝負。ですから、午前一〇時に放送が終わると、グッタリ疲れるのです。小倉さんのタフさには、驚くばかりです。

いわゆるニュースショーでのキャスターとコメンテーターのやりとりに関しては、「事前にどのくらい打ち合わせをするんですか?」という質問をいただくことがあります。「話す内容を、番組のほうから指示されるんですか?」という疑問もいただきますが、これが実態なのです。

実は私は大変な夜型人間。本の執筆がはかどるのは、いつも深夜。たとえば、この原稿を書き始めたのは、午前一時過ぎです。

したがって、執筆を終えて寝るのは、午前三時か四時。ところが、「とくダネ!」に出演する日は、午前五時に起きなくてはなりません。ということは、前夜は早く寝なければなりませんが、そんなことは無理。結局、睡眠不足のまま出演です。これでは、生活のリズムがすっかり狂ってしまいます。

このため、何回か出演した後で、「とくダネ!」の出演は辞退することにしました。

「番組をやめるのではなく、夜型をやめればいいだろう」と言われれば、まさにその通りなのですが。やはり、出演せずに、テレビの前で見ているほうが、いいですね。

みのもんたは放送中に寝ているのか？

みのもんたといえば、毎日のようにテレビやラジオに出没。一体いつ寝ているのかという疑問など、どこ吹く風。いつも元気はつらつです。

みのさんの人気が出たのは、日本テレビの昼の番組「おもいッきりテレビ」でした。スタジオにいる年配の女性たちに「そこのお嬢さん」などと声をかけながら、身近な健康食品の話題などをわかりやすく紹介し、高い視聴率を確保しました。

その人が、今度はＴＢＳの朝の番組を担当することになったと聞いたときは、誰しもが「おもいッきりテレビ」は降板するのだと思ったのですが、なんと、両方をかけ持ちしたのですね。

それまでＴＢＳの朝の時間帯は、視聴率が振るわなかったのですが、「みのもんたの朝ズバッ」になった途端、みるみる視聴率を上げ、いまや同時間帯でトップクラスの視聴率を稼いでいます。

さらに土曜日には古巣のラジオ文化放送でも番組を持ち、テレビの特集番組にも顔を出し、放送が終わると、スタッフを引き連れて銀座で飲み歩く。

おもいッきりテレビ
　正式には「午後は○○おもいッきりテレビ」。一九八七年一〇月から二〇〇七年九月まで、二〇年間にわたって日本テレビ系列で放送された情報番組。二〇〇七年一〇月からは「おもいッきりイイ!!テレビ」に改編された。司会はみのもんた。

さて、いつ寝ているのだろう。こんな疑問を持っていたのですが、「実は朝の放送中に寝ているらしいよ」というウワサ話を聞きました。そこに来たのが、「朝ズバッに出演しませんか」という誘い。みのさんが放送中に寝ているかどうか確認できる絶好のチャンスです。私は喜んで出演をOKしました。

先ほど書いたように、私は朝が大の苦手。フジテレビの朝の番組「とくダネ!」も、朝五時に起きるのがつらくて、途中で出演を断ってしまったほどです。ところが「朝ズバッ」は、それよりもっと早く、午前三時半に起きる必要があります。出演をOKしてから気づき、「しまった」と思ったのですが、後の祭り。とりあえず出てみることにしました。

東京赤坂のTBSに入るのは午前五時。本日放送予定の内容の説明を聞いているうちに、放送開始の午前五時半を迎え、三時間の生放送が始まります。

放送には進行台本というものがあります。「この時間帯にはこのニュースを入れ、次の時間枠にはこんな話題」という流れが決められています。ところが、みのさんは、台本を見ないのです。頭の中に全部入っているとしか思えません。

放送が始まると、広いスタジオを駆け巡りながら、ニュース、スポーツ、天気予報を次々に取り上げていきます。コマーシャル時間中でも、私などに話しかけてきます。寝るどころか三時間の放送中、休憩もとっていないではないですか。驚いているうちに、いつの間にか三時間が過ぎていました。

結論。みのさんは、放送中にも寝ていない。

放送後、スタッフから、「また出演してください」と声をかけられました。「うーん、朝が弱いので」と断ろうとすると、「みのさんが放送中に寝る姿を見るまでは、出ませんか」と言うではありませんか。これは、まだしばらく出演しなければならないかも。

という話ばかりではいけませんね。みのさんのコメントには、賛否両論があることも事実です。みのさんは、政治や経済の問題点を鋭く指摘し、怒りをぶつけます。これに対して、「庶民の怒りを代弁し、胸がすかっとする」という反応があります。その一方で、「物事は、そんなに簡単に一刀両断できるものではないだろう。単純な批判は危険だ」という批判もあります。

そのほか、「生理的に受け付けない」という人もいます。そんな中には、「みのもんたが、あんなことを言っていた」と次々に批判する人がいます。なんだ、見てるんじゃないか、というわけです。それだけ人を惹きつけるものがあるのでしょう。

ただ、私としても、出演する以上は、みのさんのコメントが、物事を過度に単純化していたり、決め付けが過ぎていたりした場合は、「みのさん、そうではないと思うんですよ」と反論することにしています。番組として、一方的な決め付けをするのではなく、さまざまな見方があることを示すことが必要なのだと思うからです。

私が、みのさんの主張に真っ向から反対するときも、みのさんは私の話をきちんと受け止めてくれます。さすがだな、と思うのです。

太田さんは、何と言うんだろう。

太田光。「爆笑問題」のコンビのひとりです。この人が、どんなコメントをするのか。これが、二〇〇七年三月まで日曜夜十時からフジテレビで放送されていた情報番組「スタ☆メン」の見所のひとつでした。

この番組は生放送。爆笑問題の二人と作家の阿川佐和子さんが、メインの司会者。常時三人程度のコメンテーターが出演していて、私にも時々出演のお誘いがありました。

この番組のキャッチフレーズは、「ニュースの数だけ人がいる。人の数だけニュースがある」。その一週間のニュースに登場したさまざまな人物に焦点を当てて、スタジオで出演者が議論していきます。

出演者同士の事前の打合せはまったくなく、放送五分前にスタジオで顔を合わせます。したがって、実際に放送が始まると、話の内容は、あっちに行ったり、こっちに来たり。脱線、また脱線です。スタジオの外でプロデューサーがハラハラしている様子が目に浮かびますが、「話がどこに行くかわからない」というのが、まるでテレビ

スタ☆メン
二〇〇五年一〇月～二〇〇七年三月まで、フジテレビ系列で毎週日曜夜に生放送されていた情報番組。その週に起こった事件やニュースを「人」を中心に取り上げる番組。司会は阿川佐和子と爆笑問題。

井戸端会議のようで、魅力でもあるのでしょう。

この話の流れを、仕切る様子を見せずに仕切っているのが、阿川佐和子さん。次々に小説をヒットさせながら、週刊誌では対談の名聞き手を務め、テレビの司会者もやってしまう。古い表現ですが、こういう人のことを「マルチタレント」いうのでしょう。

阿川さんは女優の檀ふみさんとの仲良しコンビでも知られていますね。この二人は、いずれも有名な作家、文芸評論家を父に持ち、「結婚しない（できない？）」「食べ物が大好き」という共通点を持っています。もちろん、どちらも美人という、言うまでもない共通点があるのですが。この二人、互いに相手の「悪口」を言い合うエッセイをまとめて本にしてしまうという芸当までやってくれています。

阿川さんの横で、いつも異彩を放つコメントを連発しているのが、太田光さんです。いったん口火を切ると、とどまることを知りません。言葉の奔流です。

人気脚本家の三谷幸喜さんがゲストで出演した回など、「太田光の三谷幸喜論」を語り出し、一体きょうの番組の主役は誰？という趣になってしまいました。

太田さんの辛辣な毒舌ぶりは、私たちの常識を打ち破ります。そして、その毒舌を見事に中和してしまうのが、相棒の田中裕二さん。「世の中の良識」を代弁することで、太田さんの発言に突っ込みを入れ、見ている人を安心させるのです。

たとえば、映画「東京タワー」の配役が決まったという話のとき、太田さんが、配役を次々に紹介した後、「なお、東京タワーの役は和田アキ子さんです」と、やったのですね。

すると、すかさず田中さんが、「おい、この番組、アッコさんが見てるんだぞ」と突っ込み。これが、見事な危機管理です。田中さんがこう言うことで、「アッコさん、これは冗談なんだからね。怒らないでね」とフォローしているのですね。

太田さんが毒舌を吐き、ときには個人攻撃にもなりかねない発言をしても、すかさず田中さんが突っ込みを入れることで、全体としては、「これはジョークなんですから、真面目に受け取らないでね」という言い訳をしているのです。これが、私が「見事な危機管理」という理由です。

この爆笑問題が、二〇〇六年秋、芸術選奨の文部科学大臣賞を受賞しました。太田さんは、「自分たちは大臣に叱られるようなことばかり言ってきたのに……」と戸惑っていましたが、毒舌が、もはや芸術の域に達していることが認められたのですね。

東京タワー
原作は『東京タワー～オカンとボクと、時々、オトン～』（二〇〇五年・扶桑社）。リリー・フランキーが、自身の母親との半生をつづったもので、二〇〇万部を超えるベストセラーとなった。二〇〇六年本屋大賞受賞。映画では、ボクをオダギリジョー、オカンを樹木希林、オトンを小林薫が演じた。また、テレビドラマ、舞台化もされた。

生徒たちと事前に会えない「授業」

日本語は、長い言葉を短くして使うことが多いですね。リストラクチャリングは「リストラ」、セクシャルハラスメントは「セクハラ」というように。放送局の人間も、番組の名前を短く呼びます。

ＮＨＫの朝のニュース番組「おはよう日本」は、「おはぽん」になります。では、「生ほも」は？

そんな番組、ＮＨＫにあったっけ？　と言いたくなりますね。これ、実は「生活ほっとモーニング」の略なんです。でも、なかなか声に出して言えませんよね。

日本テレビが毎週土曜日の夜に放送している「世界一受けたい授業」のことを、番組のスタッフは「セカジュ」と呼んでいます。外から電話をかけると、電話に出たスタッフが、「はい、セカジュです」と応答しているのです。

これって、「セカチュウ」つまり、『世界の中心で愛を叫ぶ』というベストセラーのもじりになっているのですね。最初に聞いたときには笑ってしまいました。

この番組には毎週三人の「先生」が登場し、世の中のあらゆる分野について、わかりやすい「授業」をします。「授業」ですから、ひとりひとりの持ち時間は四十五分です。四十五分間で「授業」を収録し、それを十数分に編集して放送に出すのです。

この番組は、各界の「先生」たちの思いもかけぬ解説に驚きながらも納得し、なおかつスタジオの「生徒」たちの反応を楽しむというものです。

日本ＰＴＡ連合会の「子どもに見せたいテレビ番組」で一位になるほどの人気ぶりです。知的エンターテインメントというジャンルを切り開いた番組のひとつだと思います。

番組の「生徒」役は、みなさん売れっ子のタレントさんたち。私が初めて出演したとき、「生徒」のひとりには柴田理恵さんがいました。柴田さんは、「週刊こどもニュース」の初代お母さん役。私と三年間一緒に番組に出演しました。日本テレビのスタッフは、それを意識して、私の初回に柴田さんを「生徒」として呼んでおいたのですね。

この「生徒」さんたちの反応の見事さには毎回感心させられますが、実は「先生」と「生徒」の事前の打ち合わせはありません。

もちろん、「先生」と番組のディレクターとは、事前の打ち合わせをしっかりしてありますが、「生徒」たちには、どんな授業が行われるか、事前の情報は与えられていません。それどころか、番組の収録前には、「先生」と「生徒」たちは別室に引き離され、顔合わせすらできないようになっています。いきなり「授業」で顔合わせするのです。

ですから、「生徒」たちのリアクションは、「初めて知った！」というナマの反応。わざとらしい演技ではない、自然な反応が画面に映し出される仕掛けになっています。

テレビ番組って、そこまで計算してつくっているのですね。

それにしても、「生徒」さんたちの反応こそ「世界一」。見事な反応で、「先生」たちはすっかりいい気持ちになって、解説もノリノリに。快調に進んでしまいます。「世界一受けたい授業」というよりは、先生たちにとっての「世界一やりたい授業」になっているのです。

民放はニュースのネットが面倒だ

ＮＨＫのニュースは、全国ニュースとローカルニュースに分かれていることをご存じだと思います。たとえば正午のニュース。全国ニュースを男性アナウンサーが伝えた後、女性アナウンサーが関東地方のニュースを伝えています。関東地方のニュースを私たちが見ている時間、それ以外の道府県でも、地元のＮＨＫのアナウンサーがニュースを伝えています。

これと同じように、民放各局も、全国の放送局とネットを組んで、ニュースを流しています。たとえば日本テレビは関西では読売テレビと協力関係にあり、ニュースを交換しています。ほかにも全国各地に協力関係にある放送局があり、「ＮＮＮ」と呼ばれるネットワークを組んでいます。

ＴＢＳはＪＮＮ、フジテレビはＦＮＮ、テレビ朝日はＡＮＮというように、それぞれのネットワークでニュースをやりとりしているのです。テレビ東京も、ほかの局ほど多数のネットワークは持っていませんが、独自のネットを組んでいます。

ＴＢＳの場合、関西のニュースは毎日放送が取材しています。こういうネットワーク関係にある放送局を系列局といいます。

ＮＨＫの場合、全国どこでもＮＨＫに変わりはなく、人事異動で全国を回っていますから、どこにも知り合いがいます。

ところが民放の系列局は、そもそも違う放送局です。人事交流もほとんどありません。それが協力していくのですから大変です。中には、「あの県にはウチの系列局がないので、隣の県の系列局が取材に行くのです」という場合もあります。

なんでこんなことを書いているのかと言えば、ＴＢＳの夕方のニュース番組に出演したことがあったからです。ＴＢＳは、夕方の午後四時五十四分から二時間の「イブニング５（ファイブ）」というニュース番組を放送しています。三雲孝江さんがメインキャスターです。この番組にコンテーターとして出演しました。

東京で見ていると気づかないのですが、この番組は、三つのパートに分かれていました。

午後四時五十四分から五時五十分までは、ＴＢＳ以外にも全国のいくつかの系列局が、ＴＢＳの番組をそのまま県内で流しています。でも、大阪や名古屋にある系列局は、自局で番組を制作して流しています。

イブニング・ファイブ
ＴＢＳ系列で、二〇〇五年三月から平日に放送されている夕方のニュース・情報番組。メインキャスターは三雲孝江。

それが午後五時五十分になりますと、一斉にＴＢＳ発のニュースを受けるのです。要するに全国ニュースのワクですね。

そして午後六時十六分。ここからは、完全なローカルニュース。ＴＢＳのニュースを見ているのは関東地方の人だけになります。他の系列局も、それぞれまったく独自にローカルニュースを放送するのです。

全国の系列局の中には、午後四時台から独自に番組を制作する力のある局もあれば、午後六時台しか制作できないという局もあります。それぞれの局のことを考えながら、東京のＴＢＳはキー局としてニュースを放送しているのです。

時々、そんな視点で夕方の民放ニュースを見ていると、「あっ、ここで全国ネットになったな」などと新しい発見をすることがありますよ。

「年末進行」という地獄

毎年暮れは、気ぜわしい季節ですね。これが出版社やテレビ局となりますと、とりわけ大変な時期を迎えます。「年末進行」です。

週刊誌を出している出版社の場合、年内に新年号を出さなければなりません。それだけではなく、正月早々に新年第二号を出さなければならないのですが、肝心の印刷所は正月休み。このため年内に二号、場合によっては三号分を制作しておかなければなりません。そこで十二月は、いつもの二倍から三倍もの仕事量となるのです。

かくして、週刊誌に連載を持っている著者には、「早く新年の原稿を出してください」という注文が来るというわけです。

これを、出版業界では「年末進行」と呼んでいます。出発進行、ではないところが厳しいですね。

テレビの世界に目を転じても同じこと。正月は放送局の人たちも多くが休みに入りますから、正月番組は年内に収録しておかなければなりません。

新春隠し芸大会などは、十二月に入った途端に収録が始まります。晴れ着姿のタレントさんたちが各局を回り、「明けまして、おめでとうございます」などと挨拶しているのです。こうなると、実際に正月になったときに、「この番組は、いつごろ収録したのかなあ」ということになりますね。

事実、新年早々だというのに、「今年は散々でしたね」などと口走るタレントがいて、年内の収録であることがわかってしまったりします。まあ、それを見破るのも楽しいテレビの見方、ということになるのかも知れませんが。

放送局にはクリスマス・ムードなどありません。クリスマス・イブでも放送局のスタジオでは、正月番組の収録が続きます。

それでも、番組関係者は正月を休めることが多いのですが、ニュース部門は、そうもいきません。年末年始も交代で勤務につきます。

私もＮＨＫの社会部記者だった時代、大晦日や元日に警視庁記者クラブで事件や事故の取材をしたりしていました。仕事場で深夜に見る紅白歌合戦というのは、とてもわびしいものでした。

これが「週刊こどもニュース」時代は、一転して賑やかな大晦日でした。この番組の特集編として大晦日の夕方、紅白歌合戦の直前に、「特集・世の中まとめて一年間」という生放送をするからです。放送が終わると、スタッフみんなで打ち上げへ。打ち上げで騒いでいるうちに新年を迎えます。

視聴者に正月をゆっくり楽しんでもらいたい分、放送局は大変な仕事になるというわけです。

まあ、考えてみると、クリスマスも正月も、サービス業界はどこも働いている人たちが大勢いるわけですから、メディア業界だけが、なんだか特別な仕事をしているかのような思い上がりをしてはいけないのですが。

ちなみに、二〇〇七年の大晦日の深夜、私は紅白歌合戦も見ないで、二〇〇八年早々に出す予定の単行本の執筆に追われていました。まったくトホホでしたね。

「ニュース検定」受けてみませんか

英語検定に漢字検定、はては京都検定（京都についての知識を問う）まで、最近は検定ブームですね。漢字検定には一〇〇万人もの受験生が詰めかけるとか。そんな数多い検定の中にまたひとつ、新しい検定が加わりました。「ニュース時事能力検定試験」（略してニュース検定）です。

ニュースに出てくる時事問題をどれくらい理解しているか検定するものです。毎日新聞社が母体となって、ＮＰＯ法人の「ニュース時事能力検定協会」を設立し、検定試験を実施していくことになりました。

試験内容のレベルによって、一級から五級まであり、第一回の試験は二〇〇七年九月二日に実施されました（第一回は二級から四級までの試験）。

検定協会の名誉会長は養老孟司さん。理事長は毎日新聞特別編集委員の岸井成格さんです。ほかに理事としてニュースキャスターの田丸美寿々さん、早稲田大学教授の重村智計さん、ジャーナリストの嶌信彦さんなど。実は私も理事の一人に名を連ねました。

毎日新聞社が設立母体になっているだけあって、理事には毎日新聞のＯＢが多いものですから、きっと私は毎日新聞色を薄めるために勧誘されたのでしょう。でも、みんなにニュースを理解する力をつけてもらいたいという設立の趣旨に賛同して、参加することにしました。

最近は新聞離れが進み、特に若い人は自宅で新聞をとらなくなっています。この傾向に危機感を強める新聞社としては、「ニュースを理解するためには新聞を読むことが必要」だとアピールしたいという経営の要請もあるのでしょうが。

このニュース検定は、単に「ニュースを知っている」かどうかを判定するものではありません。そのニュースの背景にある現代史や社会の仕組みなど、多角的な知識と理解度をチェックするものなのです。

といっても、五級は小学校高学年から中学生レベル。四級は高校生以上レベル、三級は大学生以上レベルとなっていますから、誰でも気軽に受けられるのです。

ニュースが理解できないと、どうしても政治や経済、国際問題について無関心になりがちですね。そうなると、政治の問題など、「政治家にお任せします」ということになってしまいます。それでは民主主義が成立しません。

豊富な情報を得て、その情報をきちんと解釈・分析できる市民がいてこそ、政治や経済の動向を監視することができ、健全な市民社会が成立するのです。その意味で、多くの国民が、ニュースを理解できる力を身につけることが必要なのだと私は思います。

あなたも、ニュースの理解度を試してみてはいかがでしょうか。

試験についての詳しい情報は、検定協会のホームページをどうぞ。

ちなみに、検定協会の理事たちが一番恐れていることは、「理事だったら一級試験に合格しなければ」と言われることなんです。

消える番組、始まる番組

毎年一月というのは、どこの放送局も、いつもとは違う緊張感に包まれています。四月の番組改編期に向けて最後の詰めに入っているからです。

学校と同じく、放送局も四月から新年度。これに合わせて、番組編成を見直します。期待したほど視聴率の取れない番組、マンネリになった番組、制作費が高すぎる番組などが姿を消していくのです。民放の場合、編成局が一番力を持っていて、ここが、番組の打ち切りを決めるのです。

視聴率に関しては、各局が、「この曜日のこの時間帯には、せめてこれくらいの数字をとってほしい」という基準を持っていて、それに達しないと、打ち切りになるのです。

「発掘！あるある大事典」のように、捏造が発覚して番組が打ち切られることもありますが、これは論外。ちゃんと番組を制作していても、突然打ち切りが告げられるのです。

番組打ち切りを言い渡されたスタッフは大ショック。暗いムードが漂います。

ただ、番組打ち切りを宣告されたスタッフは、置かれている立場によって、ショックの度合いが異なります。

放送局の正職員のディレクターの場合、担当する番組がなくなっても、仕事を失うわけではありません。別の番組の担当に異動するだけです。それはキャスターも同じ。放送局の正職員であるキャスターは、次の新番組担当への期待も高まります。

これに対して、大ショックはフリーランスのキャスターです。突然四月から仕事がなくなってしまうのですから。民放で定時番組を持っているキャスターともなりますと、収入もなかなかのものですから、それがなくなるのは、大打撃です。

番組の制作会社や、フリーランスの番組制作者にも打撃です。やはり仕事がなくなるのですから。そのために倒産してしまう会社だって出かねません。そうなれば、路頭に迷う人が出ます。この人たちは、暮れから正月にかけては、気もそぞろ。「早く次の仕事を探さなくては」と焦り出すのです。

その一方、新しく始まる番組もあります。この場合、打ち切られる番組を担当していたスタッフが新番組の企画を検討することは、通常はありません。まったく別のスタッフが呼び集められて、「新しい番組の企画を考えろ」と命令されるのです。

新しい番組はニュースかドラマかバラエティか。それともクイズ番組か。まずは番組の性格を決め、続いて司会者を決めます。人気の高い司会者は引っ張りだこですから、スケジュールを押さえるのが大変です。

一方で、スタジオのセットを決め、制作スタッフを集めます。嵐のような日々が、これからやってくるのです。

しかし、これだけ大騒ぎして新しい番組がスタートしても、結局は、あまり変わり映えのしない番組ばかりになってしまう。ここに、日本のテレビ界の現実があるのです。

解説

池上彰さんとの出会いは、もう二〇年も前のことになります。池上さんがキャスター一年目に担当なさっていた「首都圏ニュース８４５」（夜、八時四五分から一五分の首都圏ニュース）というＮＨＫの番組に、私がリポーターとして初めて出演したのがきっかけでした。以来、私のリポートを見るにつけ、時には褒め、時には辛口のアドバイスをくださるようになりました。その後、私が出版の世界に身を転じたときに、誰よりも応援してくださったのも池上さんです。それまで記者やキャスターとしてテレビで活躍する池上さんの姿しか知りませんでしたが、無類の本好きで、原稿を書きたいから記者になった、ということをそのとき初めて知りました。だから、後押ししてくださったのですね。

現在、フリーのジャーナリストとして活躍なさっている池上さんとは、同業のよしみで取材先までの道のりをご一緒させていただくこともあります。その時池上さんは、英字新聞数種類と新書の一冊や二冊程度はあっという間に読み終え、「はいこれ。ここに○○に関することが書いてあるから、参考になるよ」と、私に差し出してくれることがしばしばです。私が「熟読」してみると、確かにそのとおり！　その情報収集力と量の多さ、そして的確に内容整理をしてしまう速さには、驚かされることばかりです。

こんなふうにして、私は池上さんから、メディアの世界について、様々なことを教わってきました。しかし、番組を制作したり、放送したりする立場としての心得は何とか身についたものの、これを子どもたちにどう教えるか、となったときには、また話が別です。

私は現在、教育ジャーナリストとしてテレビ出演や取材・執筆活動をしながら、高校で歴史を教えています。教壇に立つのも、もう二〇年になりました。インターネットがこれほどまでに発達する前は、子どもたちに調べ学習をさせるときにも、図書室に行って本を読んだり、新聞記事を探させたりしながら、こちらの把握できる範囲の情報で学習を深めていく、といった方法でした。しかし今では、インターネットから情報を収集することは当たり前。しかも、その膨大な情報をどこからどうやって探してきてリポートを書いたのか、ということを把握するだけでもひと苦労です。いわゆる情報の切り貼りをきれいにする「作業」の能力だけは身についているようですが、その中身をどこまで理解しているのか、自分のものにしているのか、一クラス四〇人以上いる子どもたちをどう導いていったらいいのか…。悩みは尽きません。

しかも、子どもたちをとりまくメディアの問題は、皆さんもご承知のとおり、学習の範囲だけにとどまらなくなってきています。

今年の夏休みに入る前のことです。いつもお世話になっている病院の看護師Nさんから、一通の携帯メールが届きました。高校一年生になったばかりの、お嬢さんのことでした。

「娘が学校に行きたくない、もう、学校をやめたい、と言っているんです。どうしたらいいでしょうか？娘の言っていることは、もっともなことばかりなので、母親としても引き留めようがなくて…」

という内容でした。Nさんは、私が高校の教壇に立っていることや、不登校やいじめ、学校のあり方といった、教育問題の取材を続けていることをご存じだったので、思いあまって連絡してきたのでしょう。

会って話を聞いて、耳を疑いたくなりました。

Nさんのお嬢さん（M美さん）が学校に行きたくない、やめたい、といった原因は、学校裏サイトに書き込まれた彼女の悪口だったのです。

「M美ったら、チョー、ムカつく。カラオケに誘ったら、行きたくない、だってさ。自分を何様だと思っているの？」

「ホント、あんなヤツ、いなくなればいいのに…」

もちろん、書きこんだ子の名前はわかりませんが、自分のことを名指しで悪く書いてくる子のことは、だいたい予想がつきます。わざと書いた本人がM美さんにわかるように挑発しているとしか思えません。でも、その当事者の子たちは、学校では何事もなかったような顔をして、いつもどおりにM美さんに接します。そして、いつものように、帰り道にカラオケに誘ったり、ファミレスに立ち寄ろうと言ったりするのです。

M美さんは、中学生になった頃から、少しずつですが、女優として仕事をしていました。オーディションを受けて合格し、モデルやCM出演などの仕事を学業と両立させながら続けていました。もちろん、容姿は清潔感があって愛らしく、性格は素直で好感がもてます。かといって、外見も中身も変に派手なところはなく、勉強にも一生懸命で、趣味は読書で学校では茶道部に入っているという、いまどき珍しいくらい落ち着いた面をあわせもった子です。

Nさんによると、「たまにカラオケに行くのもいいのかもしれないけれど、私はカラオケで五〇〇円使うくらいなら、文庫本を買って読んでいたい。時間もお金もムダに使いたくない」とM美さんは言っているとか。あまりにまっとうな考えのM美さんが追い込まれた立場に、理不尽さを感じざるをえませんでした。M美さんは全然悪くないのに、何で彼女が学校に行けなくなったり、やめたくなったりしなくてはいけないのか…。

学校をやめるか続けるか、相談に行った際の担任の先生の話にも呆れました。

「二学期になれば、体育祭や文化祭など行事も多くなります。生徒たちはみんなでファミレスに行って打ち合わせをしたり、打ち上げと称してカラオケに行ったりする機会も増えます。M美さんもクラスに居づらくなるのではないでしょうか…」

こんなどっちつかずの回答しか返ってこなかったというのです。

私はますます頭にきて、「そんな学校やめてしまえ！」と言いたくなりましたが、その台詞をグッと呑み込みました。学習意欲もある、高校生ながら学校と両立して仕事もしている、読書が好きで、茶道部の活動も楽しい…。そんなM美さんが、自分から学校をやめる理由はひとつもないからです。

M美さんは「書き込みをしている〇〇さんたちの気持ちもわからなくないんだ。きっとさみしいんだと思う。でも、私にはやりたいことがあるから、カラオケやファミレスにつきあう気になれないの」と母親に打ち明けています。悪口を言っている子たちの気持ちまで思いやってしまうような娘だからこそ、Nさんの悩みも深いのです。

結局、私は大したアドバイスもできず、話を聞いてあげることしかできませんでした。ただ、将来女優として活躍したいという夢があるなら、まだまだ勉強したいことがあるなら、できれば高校は卒業した方がいい、ということだけは伝えました。もちろん、今は高認（高等学校卒業程度認定試験。旧大検。高校に行かずとも高校卒業程度の学力を認定され、高校卒業者と同じ扱いを受けられる）の制度などもあって、必ずしも高校に行かなくてもいいのかもしれません。それでも、行ける環境があるのであれば、卒業資格を持っていた方が、次のステップにスムーズに進める、ということを伝えておきたかったのです。

夏休み中に何度も話し合いを重ねた結果、とりあえず、M美さんは高校生活を続けることにしました。

「（高校を）やめようと思えばいつでもやめられる。自分には女優という目指す道がある」とふっきることができたようです。もちろん、学校生活に大きな変化はなく、クラスの中でM美さんが孤立を強いられていることに変わりはありません。今、学校では、茶道部の活動だけが支えになっているそうです。

本書の「はじめに」でも、学校裏サイトの話が出てきます。こうした子どもをとりまくメディアの問題について、私たち大人は、子どもたちにどう教えて、どう対処していったらいいのでしょう。もちろん、それ以外のメディアリテラシーの問題も大きな課題です。国境を越えて人々の暮らしを結びつけ、多くの情報を提供してくれる一方、人の心を傷つけたり、間違った情報がひとり歩きしてしまうかもしれない。そんな「諸刃の剣」であるメディアを、どう生かしていったらいいのか。

そのヒントを、この本の中から、池上さんのお話の中から見出してみてください。

二〇〇八年二月

増田ユリヤ

著者略歴：池上　彰（いけがみ・あきら）

1950（昭和25）年長野県生まれ。

1973（昭和48）年慶応義塾大学経済学部卒業後、NHK入局。32年間記者として事件、災害、教育、消費者問題などを担当。

1989（平成元）年からニュースキャスターとなり、1994（平成６）に始まった「週刊こどもニュース」でおとうさん役をつとめる。丁寧でわかりやすい解説は子どもだけでなく大人まで人気を得た。

2005（平成17）年３月にNHKを退職後、フリージャーナリストとして世界のニュース現場を取材に飛び回る一方、テレビ、ラジオ、新聞、出版など多方面で活躍中。

著書に『そうだったのか！現代史』『ニュースの読み方使い方』『伝える力』『池上彰の「世界がわかる！」』『そうだったのか！ニュース世界地図2008』など多数。

池上彰のメディア・リテラシー入門

ISBN-978-4-86053-072-3

2008年２月23日初版第１刷発行　　定価〔本体1400円+税〕
2019年６月25日初版第４刷発行

著　者　　池　上　彰
発行者　　佐　藤　民　人

発行所　オクムラ書店
〒106-0047　東京都港区南麻布5-3-12
電話 03-3263-9994
http://okumurabooks.com/

製版・印刷　㈱シナノ